Arndt Beiderwieden, Elvira Pürling

Projektmanagement für IT-Projekte

6. Auflage

Bestellnummer 01179

■ Bildungsverlag EINS

westermann

service@bv-1.de
www.bildungsverlag1.de

Bildungsverlag EINS GmbH
Ettore-Bugatti-Straße 6-14, 51149 Köln

ISBN 978-3-427-**01179**-8

westermann GRUPPE

Vorwort

Liebe Leserinnen und Leser,

zunächst möchten wir Ihnen zwei Fragen beantworten, die Sie sich vor Lesen des Buches stellen:

Warum eigentlich Projektmanagement?

Rund die Hälfte aller IT-Projekte weltweit scheitert, das bedeutet: Sie erreichen ihre Ziele nicht, sie verlaufen im Sande oder sie werden offiziell abgebrochen. Das liegt zum einen daran, dass die Projektziele und die Anforderungen an das Endprodukt oftmals nicht klar sind. Zum anderen sind Projekte naturgemäß komplexe Vorhaben, in denen vielfältige Zusammenhänge und Wechselwirkungen bedacht werden müssen. Schließlich stehen Projekte in der Regel auch noch unter hohem Zeit- und Kostendruck. Um den Projekterfolg nicht dem Zufall zu überlassen und alle Projektziele zu erreichen, bedarf es eines systematischen, schrittweisen und transparenten Vorgehens. Dieses bezeichnet man als „Projektmanagement".

Was bringt mir dieses Buch?

In diesem Buch ...

- ... finden Sie alle wichtigen Grundlagen und Grundbegriffe zum Thema,
- ... werden Sie Schritt für Schritt durch die einzelnen Phasen eines Projekts geführt,
- ... erhalten Sie bewährtes Handwerkszeug zur Abwicklung Ihrer Projekte,
- ... können Sie alle Schritte an einem durchlaufenden Praxisbeispiel nachvollziehen,
- ... bekommen Sie wichtige Praxistipps für jede Phase eines IT-Projekts.

Zusätzlich zum Buch finden Sie ausgewählte Management-Werkzeuge im „BuchPlusWeb" (Zugangshinweise siehe Buchinnendeckel vorn).

Danke schön!

Wir möchten uns recht herzlich bedanken für die fachliche Beratung bei Britta Köster, Jan Dohms, David Buß und Udo Liebenthron. Wir freuen uns auch über Ihre Anregungen und Kritik, die Sie uns jederzeit über den Verlag übermitteln können.

Viel Erfolg und Spaß beim Lesen wünscht Ihnen

Ihr Autorenteam

Inhaltsverzeichnis

1   Projektbegriff

Viele Vorhaben werden als „Projekt" bezeichnet, wie etwa der Bau einer Immobilie, die Anfertigung einer speziellen Maschine nach Anforderungen des Kunden, die kommerzielle Erstellung von Internetseiten oder die Entwicklung einer neuen Werbestrategie für Handelsbetriebe. Aber sind das tatsächlich immer Projekte? Da es zahlreiche Definitionen des Projektbegriffs gibt, kann die Frage so nicht eindeutig beantwortet werden.

Projekte sind nach allgemeinem Verständnis umfangreiche Vorhaben zur Lösung eines komplexen Problems. Es gibt jedoch verschiedene Meinungen darüber, wie diese Vorhaben aussehen müssen. In der vollständig überarbeiteten DIN 69901 (veröffentlicht im Januar 2009) des Deutschen Instituts für Normung werden mehrere für ein Projekt erforderliche Merkmale benannt:

- **Einmaligkeit der Bedingungen in ihrer Gesamtheit:** Ein Projekt wird demnach von Natur aus immer zum ersten und zum letzten Mal durchgeführt.

- **Zielvorgabe:** Jedem Projekt werden präzise Ziele vorgegeben, die das Projekt erreichen muss.

- **Zeitliche, personelle, finanzielle Begrenzung:** Ein Projekt hat stets einen konkreten Endtermin und begrenzte Mittel zur Erreichung der Projektziele.

- **Projektspezifische Organisation:** Speziell für dieses Projekt müssen organisatorische Rahmenbedingungen eingerichtet werden.

Darüber hinaus gelten folgende Merkmale in der Wirtschaftspraxis als typisch für ein Projekt:

- **Komplexität:** Projekte sind gekennzeichnet durch eine Vielzahl von wechselseitigen Zusammenhängen.

- **Aufwand:** Projekte sind im Vergleich zum Routinegeschäft sehr umfangreiche Vorhaben.

- **Fachübergreifender Charakter:** Fachleute verschiedener Disziplinen bzw. Mitarbeiter unterschiedlicher Abteilungen sind beteiligt.

- **Teamarbeit:** Die Fachleute arbeiten eng zusammen, da ständiger Informationsaustausch und die Weitergabe von Teilleistungen erforderlich sind.

Anhand dieser Kriterien kann man verschiedene Vorhaben daraufhin überprüfen, in welchem Maße sie wirklich als Projekte gelten können.

So handelt es sich bei der Produktion großer Maschinen für verschiedene Auftraggeber im In- und Ausland nicht um Projekte, wenn der Hersteller stets dieselben und im Vorfeld bekannten Produktionsschritte durchläuft. Aber auch einmalige Produktentwicklungen gelten nicht als Projekt, wenn dabei etwa auf unbegrenzte Mittel zurückgegriffen werden kann oder diese nicht bis zu einem bestimmten Termin fertiggestellt werden müssen.

Andererseits kann es sich bei der zielorientierten Entwicklung eines einfachen Druckbleistifts durchaus um ein Projekt handeln, sofern einem dafür gebildeten Team begrenzte Mittel zur Verfügung stehen, die Entwicklung eine komplexe Problemlösung erfordert und ein Projektendtermin feststeht.

2   Arten von Projekten

Um die Vielfalt verschieden gearteter Projekte unterscheiden und einordnen zu können, teilt man Projekte in Projektarten ein. Üblicherweise wird nach drei Kriterien unterschieden.

2.1   Non-Profit-Projekte und Wirtschaftsprojekte

Projekte werden von vielen Organisationen durchgeführt. Das können entweder Non-Profit-Organisationen oder Wirtschaftsunternehmen sein.

Non-Profit-Projekte

Non-Profit-Projekte sind Projekte von Organisationen, die nicht kommerziell tätig sind, wie zum Beispiel staatliche Organisationen, Kirchen, das Rote Kreuz usw. Folgende Projekte sind typische Non-Profit-Projekte:

- **Entwicklungshilfeprojekte**, z. B. der Bau eines Brunnens in Afrika durch den Deutschen Entwicklungsdienst
- **Schulprojekte**, z. B. Installieren eines Netzwerks für einen neuen Computerraum in der Schule
- **Soziale Projekte**, z. B. die Wiedereingliederung drogenabhängiger Jugendlicher als einmalige Kooperationsmaßnahme einer Klinik und einer Drogenberatungsstelle

Wirtschaftsprojekte

Wenn Projekte von Wirtschaftsunternehmen (Unternehmen mit Gewinnerzielungsabsicht) durchgeführt werden, spricht man von Wirtschaftsprojekten. Dabei ist es unerheblich, ob das Projekt für ein anderes Unternehmen oder innerhalb des Unternehmens durchgeführt wird.

Unter Projekten werden im Folgenden stets Wirtschaftsprojekte verstanden.

2.2   Externe und interne Projekte

Externe Projekte

Bei externen Projekten vergibt ein rechtlich eigenständiges Unternehmen einen Projektauftrag an ein anderes rechtlich eigenständiges Unternehmen. Die Auftragnehmer sind dabei in der Regel Unternehmen, die sich auf die Durchführung von Projekten spezialisiert haben.

So vergibt beispielsweise ein Industriebetrieb den Auftrag an eine Werbeagentur, ein Contentmanagement-System zu entwickeln, ein Automobilhersteller erteilt einen Projektauftrag an ein Maschinenbauunternehmen oder ein Großhändler beauftragt einen Softwarehersteller, ein Auftragsbearbeitungsprogramm zu erstellen.

Die vereinbarte Auftragssumme ist im betriebswirtschaftlichen Sinne der Erlös (Umsatz), mit dem der Auftragnehmer seine Projektkosten abdeckt und i. d. R. zusätzlich einen Gewinn erwirtschaftet.

Interne Projekte

Interne Projekte werden innerhalb eines Unternehmens in Auftrag gegeben und als Auftrag angenommen.

Möglicherweise erkennt die Leitung eines Wirtschaftsunternehmens den Bedarf einer betriebsinternen Problemlösung in Form eines Projekts, etwa die Einrichtung eines innerbetrieblichen Netzwerks oder die Erstellung eines Konzepts zur Vermarktung über ein Internetportal. Die Initiative kann aber auch von einer Fachabteilung ausgehen, welche dann zur Durchführung eines Projekts einen **Projektantrag** an eine höhere Unternehmensebene stellen muss.

Für interne Projekte wird ein Budget festgelegt, welches ausreichen muss, die Projektkosten abzudecken. Das Projektteam kann dabei meistens auf Ressourcen (Sachmittel oder Personen) des Unternehmens zurückgreifen.

2.3   Groß- und Kleinprojekte

Es gibt keine klare Grenze zwischen Groß- und Kleinprojekten. Diese Unterscheidung ist einerseits abhängig von der Branche und andererseits vom Ermessen der einzelnen Unternehmen.

Diese Unterscheidung ist immer dann von Bedeutung, wenn es um die Frage der Entscheidungswege zur Projektdurchführung geht. So müssen **Großprojekte** i. d. R. von der Unternehmensleitung genehmigt werden, während **Kleinprojekte** von unteren Unternehmensebenen selbstständig in Auftrag gegeben werden können.

3   Bedeutung von Projekten in der Wirtschaft

Die Bedeutung von Projektarbeit in der internationalen Wirtschaftspraxis nimmt rasant zu. Diese Entwicklung hat verschiedene Gründe.

Komplexe Aufträge erfordern fachübergreifende Zusammenarbeit

So wie der Mensch zunehmend lernt, in komplexen Zusammenhängen zu denken, so fallen auch die Aufträge für Problemlösungen immer komplexer aus.

Beispielsweise setzt die Entwicklung und Umsetzung eines Marketingkonzept eines Online-Dienstleisters die Berücksichtigung komplexer Zusammenhänge voraus, welche folgende Fragen aufwerfen: Wer sind unsere Kunden? Welche Bedürfnisse haben unsere Kunden? Welche Anforderungen stellen sie an uns und unsere Produkte? Über welche

Medien lassen sich unsere Kunden am besten ansprechen? Welche Mediengestaltung verspricht den größten Erfolg? Welche Rolle können dabei moderne Informations- und Telekommunikationstechnologien spielen? Mit welchen technischen Möglichkeiten kann unser Marketingkonzept umgesetzt und gepflegt werden?

Ein solches Projekt verlangt Fachleute aus verschiedenen Bereichen, beispielsweise Marktforscher, Werbefachleute, Mediengestalter, Programmierer, Internetspezialisten usw., die nur in fachübergreifender Teamarbeit die geforderte Konzeption erarbeiten und umsetzen können.

Entsprechend werden solche Problemlösungen vermehrt in Form von Projekten unter Einsatz von Methoden des Projektmanagements entwickelt.

Die Umfeldbedingungen ändern sich

Die Unternehmen sehen sich in einer dynamischen Umwelt tiefgreifenden Veränderungen ausgesetzt.

Neue IT-Technologien

Mit der flächendeckenden Verfügbarkeit moderner Informations- und Telekommunikationstechniken verändern sich auch die Kommunikationsgewohnheiten zwischen Kunde und Lieferant. Produkte werden aktuell im Internet präsentiert und Bestellungen können vom Arbeitsplatz oder von zu Hause aus per Tastatur und Bildschirm vorgenommen werden. Liefermöglichkeiten und -termine werden umgehend mitgeteilt und Rechnungen per E-Mail zugestellt. Solche Kommunikationswege müssen häufig schnell und unternehmensspezifisch geschaffen und in die jeweilige Organisationsstruktur eingebettet werden. Das Lösungskonzept kann für das beschriebene Problem in seiner Einzigartigkeit schnell und unter optimaler Nutzung der verfügbaren Ressourcen in einem Projekt entwickelt werden.

Staatliche Auflagen

Im Rahmen der Umsetzung politischer Konzepte wird eine Reihe von Auflagen geschaffen (z. B. zur Reduktion von umweltschädlichen Emissionen), welche die Unternehmen zur Entwicklung oder zum Einsatz entsprechender Techniken zwingen. Hierfür gibt der Staat in der Regel einen zeitlichen Rahmen vor, dessen Überschreitung erhebliche Sanktionen zur Folge haben kann. Finanzielle Begrenzungen werden meist durch die Unternehmen selbst gesetzt. Auch hier stellen Projekte eine geeignete Vorgehensweise zur Problemlösung dar.

Druck durch internationalen Wettbewerb

Die von Politikern häufig zitierte „internationale Wettbewerbsfähigkeit" bezieht sich auf drei Ebenen: den Kostenwettbewerb, den Zeitwettbewerb und den Qualitätswettbewerb.

Kostenwettbewerb

Während vor wenigen Jahren die meisten Unternehmen nur auf nationalen Märkten tätig waren, wird durch den zusammenwachsenden europäischen Binnenmarkt einerseits und den globalen Weltmarkt andererseits der Wettbewerbsdruck immer größer. So stehen beispielsweise deutsche Autohersteller seit geraumer Zeit im Wettbewerb mit ausländischen Produzenten, welche ihre Produkte aufgrund geringerer Personalkosten erheblich günstiger anbieten können.

Dem Problem der Kostensenkung begegnet man bei Projekten durch die Vorgabe von Kostenzielen. Das Kostenziel definiert dabei die Höhe der Gesamtkosten eines Projekts, die nicht überschritten werden darf. Hierdurch wird sowohl bei der Projektleitung als auch bei den Projektbeteiligten ein höheres Kostenbewusstsein erzeugt, was sich wiederum positiv auf eine zielorientierte und effektive Arbeitsweise auswirkt. Mit anderen Worten: Es sind nur solche Aufwendungen zulässig, die einen Beitrag zur Erreichung der vereinbarten Projektziele leisten.

Zeitwettbewerb
Für den Erfolg eines Produktes ist es oft entscheidend, wann es auf den Markt kommt. Häufig setzen sich Produkte einfach deswegen durch, weil sie eher in den Regalen der Händler stehen als die Produkte der Wettbewerber.

Um im Zeitwettbewerb bestehen zu können, sind Projekte ebenfalls eine große Hilfe. Sie ermöglichen durch professionelle Planungstechniken die gleichzeitige Bearbeitung möglichst vieler Arbeitsschritte und optimieren damit den gesamten Zeitbedarf. Ohne diese Methode werden häufig Arbeitsschritte unnötigerweise zeitlich nacheinander durchgeführt, was zu einer Verlängerung des Gesamtzeitbedarfs führt. Projekte arbeiten grundsätzlich mit strengen Zeitzielvorgaben.

Qualitätswettbewerb
Nationale Produkte müssen sich in immer stärkerem Maße in ihrer Qualität auch mit internationalen Produkten messen lassen. Dabei kommt es ganz entscheidend auf die Qualitätsanforderungen des Kunden an. Aus diesem Grunde sehen Projekte auch Qualitätsziele vor, welche für jedes Projekt neu definiert und nach Projektabschluss überprüft werden.

4   Begriff des Projektmanagements

In der **DIN 69901** wird neben dem Projektbegriff und vielen anderen Begriffen des Projektmanagements auch der Begriff „Projektmanagement" definiert:

> *Gesamtheit von Führungsaufgaben, -organisation, -techniken und -mitteln für die Initiierung, Definition, Planung, Steuerung und den Abschluss von Projekten*

In einfachen Worten: Projektmanagement ist ein „Handwerk für Manager": So wie der Tischler Schritt für Schritt planvoll vorgeht, um einen Schrank zu fertigen, so muss auch das Projektmanagement Schritt für Schritt ein Projekt abwickeln. Dabei werden im Projektverlauf – ebenso wie im Handwerk – bestimmte Methoden und Werkzeuge bzw. Instrumente eingesetzt. Im Falle des Projektmanagements sind das:

- **Methoden:** Zerlegen des Projekts in Projektphasen mit Meilensteinterminen, Erfassen der Projektziele des Auftraggebers in einem Lastenheft, Beschreiben der Problemlösung in einem Pflichtenheft, Anwenden spezieller Planungstechniken, Abhalten regelmäßiger Meetings, Analysieren von Soll-Ist-Abweichungen, Anwenden spezieller Dokumentationstechniken usw.

- **Werkzeuge (Instrumente):** Checklisten, Formulare, Planungssoftware usw.

Für das Projektmanagement ist in aller Regel ein Projektteam zuständig, an dessen Spitze die Projektleitung (PL) steht. Die Größe des Teams ist abhängig vom Umfang des Projekts, im Idealfall liegt sie zwischen sechs und acht Personen. In Großprojekten ist das Projektmanagement ausschließlich für die termin- und sachgerechte Erstellung des Projektergebnisses (z. B. einer Software oder die Vernetzung eines Bürogebäudes) zuständig und koordiniert alle ausführenden Arbeiten. In kleinen Projekten wird oft das gesamte Projektmanagement allein durch die Person des Projektleiters bzw. der Projektleiterin übernommen.

5   Vorgehensmodelle

In Kapitel 1 wurde definiert, dass Projekte umfangreiche und komplexe Vorhaben sind. Um solche großen Vorhaben mit all ihren wechselseitigen Zusammenhängen kontrolliert zum Ziel steuern zu können, muss zunächst ein strukturiertes Vorgehen festgelegt werden. Abhängig von Branche und persönlicher Überzeugung kann das Projektmanagement zwischen alternativen Vorgehensmodellen wählen. Dabei ist zwischen allgemeinen Vorgehensmodellen und spezifischen Vorgehensmodellen der Softwareentwicklung zu unterscheiden.

5.1   Allgemeine Vorgehensmodelle

Phasenmodelle sind sehr verbreitet und gelten als „Klassiker" der Vorgehensmodelle. Der Grundgedanke, der allen Phasenmodellen zugrunde liegt, besteht darin, das große Ganze in mehrere kleine Häppchen (Phasen) zu zerlegen, die gut bewältigt werden können. Fachleute nennen das „Komplexitätsreduktion". Gewöhnlich endet jede Phase mit einem definierten Etappenergebnis, welches als „Meilenstein" (z. B. Fertigstellung der Projektplanung) bezeichnet wird.

5.1.1   Einfaches Vierphasenmodell

Das einfachste Phasenmodell ist das Vierphasenmodell. Es erfreut sich in der Theorie und auch in der Praxis großer Beliebtheit, weil es einfach und leicht verständlich ist. Es liegt daher auch den Ausführungen in Kapitel B zugrunde. Die vier Phasen lassen sich folgendermaßen beschreiben:

- **Definitionsphase:** In dieser Phase werden *unklare* in *klare* Vorstellungen umgewandelt. Am Ende dieser Phase müssen Auftraggeber und -nehmer identische Vorstellungen von der Zielsetzung und dem Projektergebnis (Produkt oder Dienstleistung) haben.

- **Planungsphase:** In dieser Phase wird die Projektdurchführung gedanklich durchdrungen. Dazu wird ermittelt, was alles zu tun ist, wann welche Aufgaben von wem mit welchen Mitteln durchgeführt werden und welche Kosten anfallen.

- **Realisierungsphase:** In dieser Phase wird die Planung in die Tat umgesetzt. Das Projektmanagement steuert alle Aktivitäten nach und nach zur Erreichung der Projektziele.

- **Abschlussphase:** In dieser Phase organisiert das Projektmanagement die reibungslose Abnahme des Projektergebnisses durch den Auftraggeber und reflektiert eigene „Verbesserungsbereiche" für zukünftige Projekte.

In Abbildung 1 sind für jede Phase die konkreten Aufgaben des Projektmanagements aufgeführt. Dabei handelt es sich um eine idealtypische Vereinfachung der Realität, da viele dieser Aufgaben auch phasenübergreifend anfallen können:

Aufgaben des Projektmanagements	
Projektphase	**Aufgabe**
Definitionsphase	– Analysieren des Ausgangsproblems – Formulieren der Projektziele und Anforderungen – Entwerfen des Lösungskonzepts – Analysieren der Durchführbarkeit des Projekts – Abschließen des Projektvertrags – Einrichten der Projektorganisation – Leiten des Kick-Off-Meetings
Planungsphase	– Identifizieren der Arbeitspakete – Erstellen eines Projektstrukturplans – Erstellen des Zeitplans – Erstellen des Kapazitätsplans (Ressourcenplan) – Erstellen des Kostenplans – Erstellen des Qualitätsplans
Realisierungsphase	– Präzisieren und Anpassen der Projektplanung – Motivieren des Projektteams – Koordinieren und Überwachen der Realisierung – Minimieren von Soll-Ist-Abweichungen – Dokumentieren des Projekts – Managen von Änderungen und Nachforderungen
Abschlussphase	– Präsentieren von Projekt und Projektergebnis – Managen der Abnahme des Projektergebnisses – Einweisen in das Projektergebnis – Reflektieren des Projekts (Abschlussbesprechung) – Erstellen eines Abschlussberichts – Auflösen des Teams

Abb. 1: Phasen eines Projekts

Auch das Wasserfall-Modell aus der Softwareentwicklung ist eine Variante des Vierphasenmodells. Es wird ausführlich in Abschnitt 5.2.1 beschrieben, da es ausschließlich für die Softwareentwicklung verwendet wird.

5.1.2 Phasenmodelle für verschiedene Projektarten

Abhängig von der Projektart können unterschiedlich viele Phasen mit entsprechenden Phasenbezeichnungen eingerichtet werden (Abb. 2). Sie stellen letztlich immer eine Ausdifferenzierung des einfachen Vierphasenmodells dar. Aber auch diese Modelle sind noch sehr allgemein gehalten.

| Typ 1 Investitionsprojekte | | Typ 2 Entw.-Proj. | Typ 3 Organisationsprojekte | |
Anlagenbau Bauwirtschaft	Einzelprodukt	Produktentwickl. für Serienprod.	Verwaltungsprojekt	EDV-Projekt
Grundlagenvermittlung	Ideenfindung	Problemanalyse	Vorstudie	Problemanalyse
Vorplanung	Konzeption	Konzeptfindung	Konzeption	Systemplanung
	Durchführbarkeitsstudie	Produktdefinition	Detailplanung	
Entwurfsplanung	Entwurf			Detailorganisation
Genehmigungsplanung				
Ausführungsplanung	Ausführungsplanung	Produktentwicklung		
Ausschreibung, Vergabe			Realisierung	Realisierung
Bauausführung	Herstellung	Realisierung		
			Einführung	Installation
Objektverwaltung	Service, Betreuung	Produktion	Abnahme	Abnahme
		Außerdienststellung		Pflege

Abb. 2: Phasenmodelle für verschiedene Arten von Projekten nach Schelle[1]

5.1.3   Prince2

Prince2 („Project In Controlled Environments") ist ein vorstrukturiertes, prozessorientiertes Vorgehensmodell, das ursprünglich in Großbritannien zur Entwicklung von Software für Behörden entwickelt wurde und heute in mehreren Ländern für

---

[1]   *Schelle, H.: Projekte zum Erfolg führen, München 1999*

alle Arten von Projekten eingesetzt wird. Bei Prince2 sind folgende Prozesse verbindlich definiert:

Prozess	Englische Bezeichnung	Kürzel
1 Vorbereiten eines Projekts	Starting up a Project	SU
2 Lenken eines Projekts	Directing a Project	DP
3 Initiieren eines Projekts	Initiating a Project	IP
4 Steuern einer Phase	Controlling a Stage	CS
5 Managen eines Phasenübergangs	Managing a Stage Boundary	SB
6 Managen der Produktlieferung	Managing Product Delivery	MP
7 Abschließen eines Projekts	Closing a Project	CP

Innerhalb der einzelnen Prozesse sind Aufgaben und Rollen für alle Projektteilnehmer verbindlich festgelegt. Dabei wird das Rad nicht neu erfunden, sondern grundsätzlich entsprechen die Prozesse und die damit verbundenen Aufgaben den Projektmanagementaufgaben aus dem einfachen Vierphasenmodell. Prince2 schafft jedoch einen festen und differenzierten Strukturrahmen. Ein charakteristisches Element ist dabei die kontinuierliche geschäftliche Rechtfertigung in Form regelmäßiger Kurzberichte, welche den Projektfortschritt dokumentieren und die Fortsetzung des Projekts rechtfertigen.

5.2 Vorgehensmodelle für die Softwareentwicklung

5.2.1 Wasserfall-Modell

Dieses Modell verbreitete sich bereits in den 60er-Jahren und gilt daher als Veteran der Prozessmodelle. Es beschreibt ganz allgemein den Prozess der Softwareentwicklung in klar definierten Phasen, die sich nach der reinen Lehre nicht überlappen.

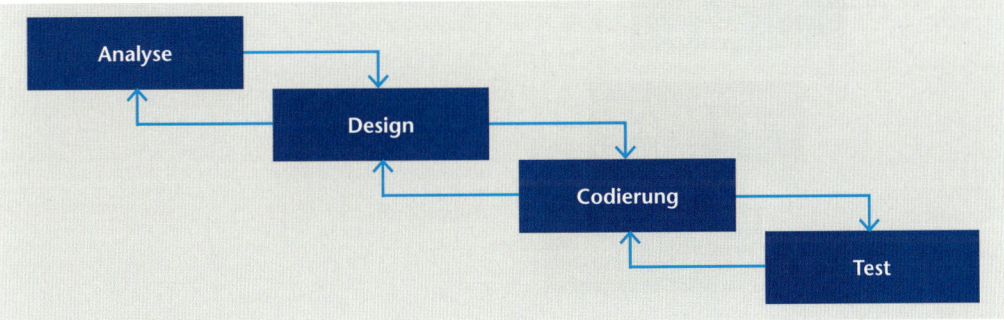

Abb. 3: Wasserfall-Modell

Sobald die Problemstellung bekannt ist, werden folgende Phasen durchlaufen:

Analyse
Zunächst werden der Ist-Zustand erhoben (Wie sehen Geschäftsprozesse, Ressourcen, Softwarebedingungen usw. zurzeit aus?) und der Soll-Zustand modelliert (Wie sollten sie zukünftig aussehen?). Ergebnis ist i. d. R. ein Analysemodell. In diesem Stadium besteht noch kein Bezug zur zu entwickelnden Software.

Design (Entwurf)

Das Design wird idealtypisch von „außen" nach „innen" entwickelt: Zunächst werden auf Grundlage des Analysemodells die Aufgaben der zu erstellenden Software beschrieben und konkrete Systemanforderungen formuliert. Die Ergebnisse werden in einem Grobentwurf (Fachentwurf) dokumentiert. Aus diesen Informationen kann dann ein Feinentwurf (DV-Entwurf) abgeleitet werden, welcher bereits konkrete Daten- und Programmstrukturen enthält. Der DV-Entwurf ist Grundlage für die Programmierung.

Codierung (Implementierung)

Nun wird die Software in der zweckmäßigen Programmiersprache programmiert bzw. eine neuartige Datenbank entwickelt.

Test

Abschließend wird das System noch einmal insgesamt getestet und schließlich eingeführt.

Da diese Phasen nacheinander durchlaufen werden, spricht man von „sequenziellem Vorgehen". Dabei ist es prinzipiell möglich, zu Zwecken der Korrektur immer wieder in vorangegangene Phasen zurückzukehren.

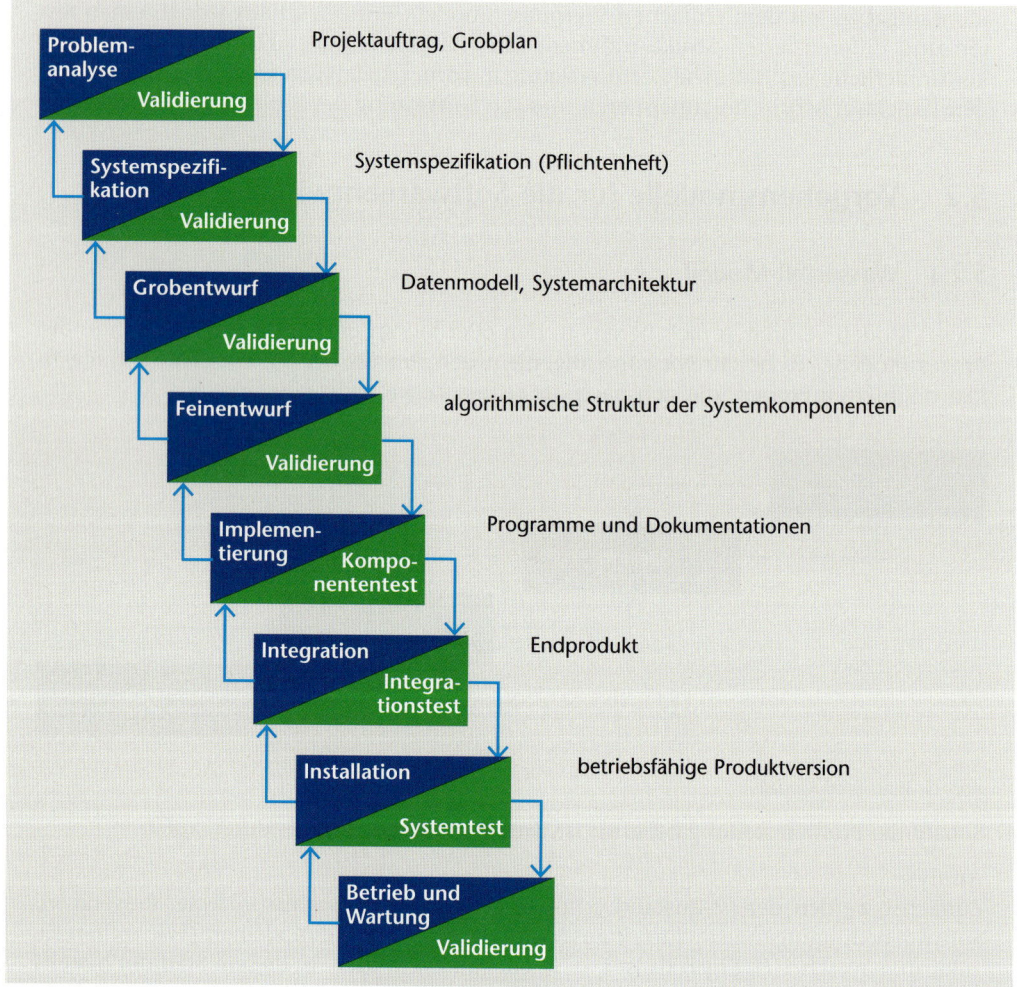

Abb. 4: Das Wasserfall-Modell nach Pomberger/Blaschek[1]

---

[1]　*Pomberger G./Blaschek G.: Software-Engineering: Prototyping und objektorientierte Softwareentwicklung, München 1996*

Eine ausdifferenzierte Variante dieses Modells liefern Pomberger/Blaschek (Abb. 4). Darin findet häufig eine Validierung (Prüfung) statt, mit der untersucht wird, ob das Softwareprodukt den Anforderungen des Auftraggebers entspricht.

Ein Phasenschema zur Entwicklung von Softwareprojekten mit hohem Informationsgehalt für das Projektmanagement, welches auf Konzepten von Siemens beruht, wird von Saynisch vorgestellt (Abb. 5).

In der Programmierpraxis hat sich gezeigt, dass es sowohl für den Auftraggeber als auch den Auftragnehmer kaum möglich ist, von Anfang an alle Anforderungen an das fertige Softwareprodukt genau zu kennen bzw. zu beschreiben. Gewöhnlich stellen beide Seiten im Laufe der Entwicklung eines neuen Programms nach und nach fest, dass anfängliche Vorstellungen ungenau waren und überarbeitet werden müssen. Woher soll der Programmierer etwa wissen, welche Details der Auftraggeber in bestimmten Eingabemasken benötigt? Und woher soll der Auftraggeber von Anfang an wissen, welche Eingabemasken möglicherweise auf ihn zukommen? Aus diesem Grunde wird das Wasserfallmodell in seiner Reinform kaum noch angewandt. Die einzelnen Schritte sind jedoch bis heute von großer Bedeutung und finden sich in den meisten Modellen überwiegend wieder.

5.2.2 Iterativ-inkrementelle Vorgehensmodelle

Iterativ-inkrementelle[1] Vorgehensmodelle setzen an den Schwächen des traditionellen Wasserfall-Modells an: Der Grundgedanke dieser Modelle besteht darin, die Software in kleinen Schritten zu entwickeln und durch wiederholte Überarbeitung zu verbessern. Dabei wird, anders als bei den traditionellen Phasenmodellen, das Endprodukt nicht von Anfang an präzise definiert, sondern erst im Projektverlauf entwickelt. Im Folgenden werden nur die Grundgedanken der iterativ-inkrementellen Softwareentwicklung vorgestellt, da es sich jeweils um komplexe Vorgehensmodelle handelt.

Spiralmodell

Das Spiralmodell (Abb. 6) ist eine Weiterentwicklung des Wasserfall-Modells. Auch hier werden Phasen durchlaufen, jedoch anders als beim Wasserfall-Modell folgen die einzelnen Projektphasen hier nicht mehr starr aufeinander, sondern werden immer wieder spiralförmig durchlaufen. Auftraggeber und -nehmer sehen sich frühzeitig die Teilergebnisse

---

[1] iterativ: wiederholend; inkrementell: schrittweise erfolgend, aufeinander aufbauend

Allgemeine Lebensphase	Problem	Konzeptionelle Grundlegung		Detaillierte Gestaltung		Realisierung			Nutzung
Phasen für Software-projekte	Anstoss	Studie	Projektierung	Entwurf	Implementierung	Systemintegr./Test	Abnahme		Betreuung
Phasenziel	Projekt/Produktzielsetzung festlegen	Systemanforderungen und Randbedingungen festlegen	Systemgrobstrukturen und Systemeigenschaften festlegen	System und Testsystem fertigstellen	Systemkomponenten und Testsystem fertigstellen	Abnahmereife des Produktes herstellen	Einsatzreife des Produktes erreichen		Produkteinsatz sichern
Phasenergebnis – produktbezogen	– Anwendungskatalog	– Anforderungskatalog – Pflichtenheft (System als Black Box)	– Leistungsbeschreibung (Subsysteme als Black Box)	– Entwurfsspezifikation (Komponenten als Black Box)	– Komponentenspezifikation - Kodierte Komponente (Modul) - Getestete Komponente	– Integriertes und getestetes Produkt – Übergabeprotokoll	– Einsatzreifes Produkt		– Produktprotokoll
		– Manual Grobplan	– Manual Feinplan		– Manual (Manuskript)	– Manual (Druckfertig)	– Übersichtsdokument		–
		– Abnahmebedingung	– Testkonzept	– Testplan – Testsystemspezifikation	– Komponententestbericht – einsatzfähiges Testsystem	– Systemtestbericht	– Abnahmebericht		– Testbericht
Phasenergebnis – projektbezogen	– Projektplan 0, – QS-Plan 0, – Phasenplan 1	– Projektplan 1, – QS-Plan 1, – Phasenplan 2, – Phasenbericht 1	– Projektplan 2, – QS-Plan 2, – Phasenplan 3, – Phasenbericht 2	– Projektplan 3, – QS-Plan 3, – Phasenplan 4, – Phasenbericht 3	– Phasenplan 5, – Phasenbericht 4	– Phasenplan 6, – Phasenbericht 5	– Betreuungsplan, – Projektbericht, – Phasenbericht 6		– Betreuungsplan, – Phasenbericht
Referenzkonfiguration		← der Anforderung	← der Order	← des Entwurfes	← der Integration	← des Produktes			

Abb. 5: Phasenorganisation für Software-Projekte nach Saynisch[1]

[1] Saynisch, M.: Anwendungsbeispiele des Phasenweisen Projektablaufs in der Praxis; in: Reschke H. u. a., (Hrsg.) „Handbuch Projektmanagement", Verlag TÜV-Rheinland, Köln 1989

an und konkretisieren bzw. korrigieren die ursprünglichen Anforderungen an das Produkt. Kennzeichnend für das Spiralmodell sind:

- die Abschätzung und Eingrenzung von Projektrisiken,

- die Entwicklung von Prototypen, die eine kontinuierliche Kontrolle und Verbesserung erlauben.

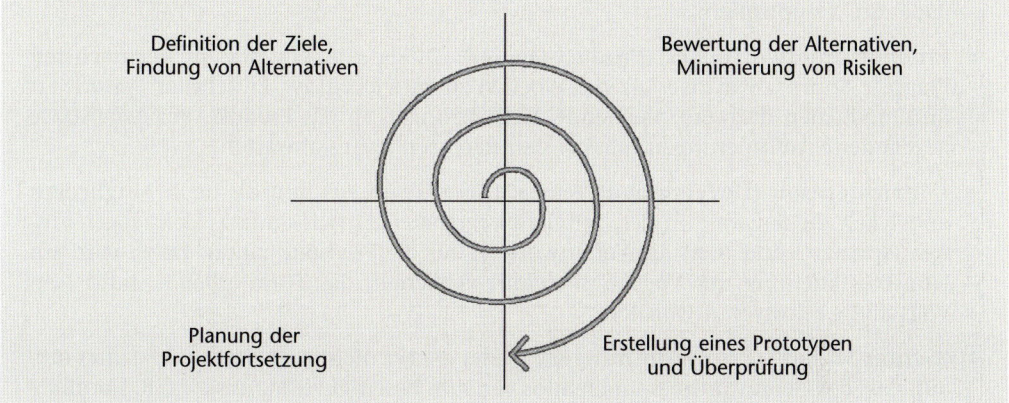

Abb. 6: Spiralmodell

Extreme Programming (XP)

Extreme Programming (XP) ist eine extreme Weiterentwicklung des Spiralmodells mit dem Ziel, optimal auf unklare und/oder sich ändernde Softwareanforderungen zu reagieren. Es eignet sich für kleine bis mittelgroße Teams (maximal 12 Mitglieder). Teamarbeit, intensive Kommunikation sowie Offenheit stehen dabei im Vordergrund. Im Laufe der Zeit wurde dazu eine Vielzahl an Werten, Prinzipien und Techniken des XP entwickelt. Wichtige Merkmale des XP sind:

- **Paarweise Programmierung:** Zwei Programmierer entwickeln den Code gemeinsam an einem Rechner mit einem Monitor, diskutieren während des Programmierens über mögliche bessere Alternativen und wechseln sich in kurzen Zeitabständen an der Tastatur ab. Dabei wird der Programmiercode so einfach wie möglich gehalten.

- **Test vor Implementierung:** Bereits vor der Programmierung der jeweiligen Funktionalitäten werden für die einzelnen Programmeinheiten die Testfälle geschrieben. Beispielsweise werden für eine geplante Eingabemaske zum Anlegen von Aufträgen alle möglichen Fehleingaben durchgespielt. Dieses Verfahren zwingt die Programmierer, ihren Code immer wieder zu überdenken. Erst nach bestandenen Tests wird das Modul implementiert.

- **Einbindung des Kunden:** Der Kunde gibt das Ziel der einzelnen Iteration mithilfe einer „Story" vor, in der er die zukünftige Anwendung und die Bedingungen konkret beschreibt. Diese Storys werden anschließend in entsprechende Testfälle umgesetzt. Der Kunde ist also eng in die Entwicklung eingebunden.

Scrum

Scrum ist ein Vorgehensmodell aus den 90er-Jahren zur Entwicklung von Software. Diesem Modell liegt die Überzeugung zugrunde, dass Softwareentwicklungsprojekte von Natur aus so komplex sind, dass sie nicht von Anfang an vollständig geplant werden können. Entsprechend wird hier Wert gelegt auf eine einfache Struktur, Transparenz für alle Projektbeteiligten und klar definierte Rollen für alle Teammitglieder. Scrum unterscheidet drei Hauptrollen:

- **Produktverantwortlicher (Product-Owner):** Dieser gibt vor, was in der nächsten Etappe („Sprint") von zwei bis vier Wochen zu entwickeln ist. Er definiert, priorisiert und modifiziert dazu entsprechende Anforderungen an das Produkt. Für neue sowie abgeänderte Anforderungen muss er den nächsten Sprint abwarten.

- **Entwicklerteam (Development Team):** Dieses Team aus fünf bis neun Mitgliedern entwickelt die Software in den zeitglich begrenzten Entwicklungszyklen (sogenannten „**Sprints**") und trägt die Verantwortung für die Produktqualität. Dabei wird auf eine Projektleitung mit Weisungsbefugnis verzichtet, das Team arbeitet stattdessen vollständig selbstverantwortlich.

- **„Scrum-Master" (Prozessoptimierer):** Dieser gehört nicht zum Team und achtet darauf, dass der Gesamtprozess problemlos verläuft, beseitigt Hindernisse (z. B. Konflikte und Kommunikationsstörungen zwischen Team und Product-Owner) und hilft dabei, den Prozess kontinuierlich zu verbessern.

Weiterhin werden die externen Rollen „Management", „Kunde" und „Anwender" definiert, die hier nicht vertieft werden sollen.

5.2.3   V-Modell

Das V-Modell ist ein ganzheitliches, hochgradig komplexes Modell zur Optimierung der Effizienz der Softwareentwicklung, welches die gesamte Entwicklungsumgebung berücksichtigt. Es wurde 1991 vom Bundesministerium für Verteidigung eingeführt und seitdem weiterentwickelt und modifiziert. Das V-Modell ist in Softwareprojekten für Bundesverwaltungen ein verbindlicher Standard und findet auch in der Wirtschaft Verbreitung.

Zunächst enthält das V-Konzept ein dreistufiges Standardisierungskonzept:

- **Vorgehensweise:** Es beschreibt die Aktivitäten (Tätigkeiten) und Produkte (Ergebnisse), die während der Entwicklung von Software durchzuführen bzw. zu erstellen sind.

- **Methodenzuordnung:** Die Methodenzuordnung legt fest, mit welchen Methoden die Aktivitäten des Vorgehensmodells durchzuführen und welche Darstellungsmittel in den Ergebnissen zu verwenden sind.

- **Funktionale Werkzeuganforderungen:** Die funktionalen Werkzeuganforderungen legen fest, welche Eigenschaften diejenigen Software-Werkzeuge („tools") aufweisen müssen, die bei der Entwicklung von Software eingesetzt werden sollen.

Dabei wird das V-Modell in vier Submodelle gegliedert:

- **Software-/Systemerstellung:** Alle Aktivitäten und Dokumente der Softwareentwicklung (Abb. 7)

- **Qualitätssicherung:** Sicherung der Qualität im Rahmen des Softwareerstellungsprozesses

- **Konfigurationsmanagement:** Maßnahmen zur eindeutigen Identifizierbarkeit von Versionen einer Konfiguration bzw. strenge Anforderungen an Produktänderungen

- **Projektmanagement:** Planung, Kontrolle und Steuerung projektinterner Tätigkeiten, Schnittstellen zu projektexternen Einheiten und projektinternen Rollen, Projektrepräsentanz und -informationszentrum

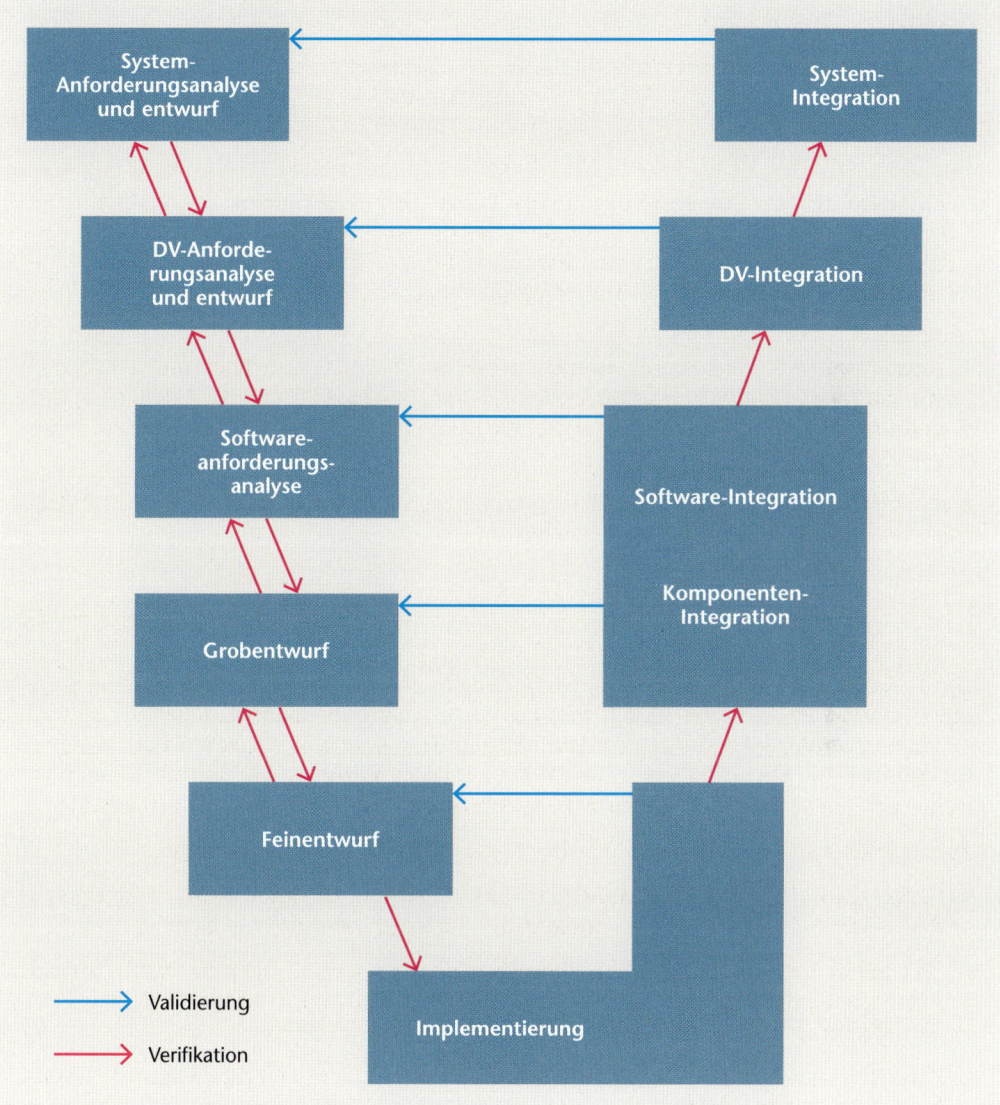

Abb. 7: Hauptaktivitäten/-dokumente (Submodell Softwareerstellung) im V-Modell[1]

---

[1] *ebd.*

Vom Wasserfall unterscheidet sich das V-Modell unter anderem durch die Einbeziehung der Qualitätssicherung in Form der Verifikation und der Validierung:

Während die Verifikation überprüft, ob die vorgegebenen Anforderungen erfüllt wurden, geht die Validierung der Frage nach, in welchem Maße Produktmerkmale tatsächlich für den Kunden von Nutzen sind.

1010101010101010101010101010101010101010100101010101010010101010101001010101
1001010101010101010101010010101010101010101010101010101010101010101010101010010
00101010101010101010101010101001010101010101010101010101010101010101 10101
0101010101010101010101010101010101010101010101010101010101010101 00101
01010101010101010101010101010101010101010101010101010101010101 00100
00101010101010101010101010101010101010101010101010101010101010 11100

B   Projektmanagement in den einzelnen Projektphasen

1   Phase „Projektdefinition"

Sage mir, wie ein Projekt beginnt, und ich sage dir, wie es endet!
Gero Lomnitz

Der in Köln ansässige Softwareentwickler „IGMAR GbR" erhält den Auftrag, ein neues Softwaremodul für die Lagerverwaltung des Industriebetriebs „Thorben & Partner" zu entwickeln. In einem zweistündigen Gespräch verständigen sich Auftraggeber und Auftragnehmer auf die wichtigsten Merkmale des neuen Programms, die sie aber zu diesem Zeitpunkt erst grob beschreiben können. Die Eckpunkte des Gesprächs werden protokolliert und in einen verbindlichen Projektauftrag für die IGMAR GbR überführt.

Bei der IGMAR GbR wird Herr Liedtke als zuständiger Projektleiter eingesetzt und darf nach Absprache auf mehrere Programmierer des Hauses zugreifen, um das Produkt zu bearbeiten.

Im Laufe der Entwicklungsarbeiten kommt es nun regelmäßig zu dem Problem, dass Programmierer an Teilen der Entwicklung nicht mitarbeiten können, weil sie die erforderlichen Spezialkenntnisse nicht mitbringen und sich überdies ihren Einsatz sowieso ganz anders vorgestellt hatten. Darüber hinaus bemängeln die Programmierer die unklaren und unvollständigen Vorgaben aus dem Projekt-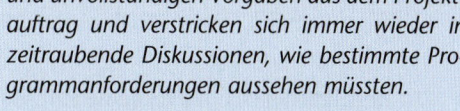*auftrag und verstricken sich immer wieder in zeitraubende Diskussionen, wie bestimmte Programmanforderungen aussehen müssten.*

Als das Produkt endlich fertig und integriert ist, tobt der Auftraggeber: Das Ausgangsproblem, das zu dem Projektauftrag geführt hatte, besteht nach wie vor, man hätte sich also das ganze Geld sparen können. Außerdem hatte man sich Eingabemasken und Ausdrucklayout ganz anders vorgestellt und viele Programmoptionen seien völlig überflüssig. Schließlich sei das neue Programm nicht kompatibel mit der Auftragsbearbeitungssoftware im Verkauf. „Thorben & Partner" ist nicht mehr bereit, weitere Aufträge an die IGMAR GbR zu vergeben.

Im Vorfeld eines Projektes herrschen gewöhnlich unklare Vorstellungen davon, wie das Problem überhaupt beschaffen ist und was tatsächlich unter welchen Bedingungen getan werden muss. Deshalb sind zunächst folgende Fragen zu beantworten:

- Wie sieht das Ausgangsproblem genau aus?
- Wie konnte es zu diesem Problem kommen?

- Soll zur Problemlösung ein Projekt durchgeführt werden?
- Wer ist Auftraggeber des Projektes?
- Welche Ziele verfolgt das Projekt genau?
- Welche Mittel stehen für das Projekt zur Verfügung?
- Bis wann soll das Projekt bzw. Teilprojekte fertig sein?
- Wer soll dem Projektteam in welcher Funktion angehören?
- Wie soll das Projekt organisiert werden?

Das Projektmanagement geht der Beantwortung dieser Fragen in der ersten Phase des Projektes, der Phase der „Projektdefinition", systematisch nach. Was dazu im Einzelnen getan und beachtet werden muss, wird im folgenden Abschnitt vorgestellt.

1.1   Aufgaben des Projektmanagements

Jedes Projekt hat einen Anlass. Das kann eine neuartige Idee (wie z. B. eine Produktinnovation), aber auch ein Problem (z. B. überhöhte Produktionskosten) sein. Wirtschaftsprojekten liegt in der Regel ein Problem zugrunde. Sie beginnen daher in den meisten Fällen mit einer Problemanalyse.

1.1.1   Analysieren des Ausgangsproblems

Projekte dienen in vielen Fällen der Lösung eines Problems. Um ein Projekt überhaupt in Gang zu bringen, muss das Problem und seine Ursachen zunächst genau erforscht werden. Beispiele für solche Probleme können sein:

- Ein Kernkraftwerk hat Probleme mit Computerviren in der Steuerungssoftware, welche die Kühlung abschalten.
- Die Marketingabteilung beobachtet seit geraumer Zeit, dass ein Konkurrenzanbieter vor allem junge Kunden erfolgreich durch SMS-Werbung anspricht. Nun soll geprüft werden, welche alternativen Kommunikationsmöglichkeiten für Werbemaßnahmen genutzt werden könnten.
- Ein Produktionsunternehmen beabsichtigt, im kommenden Geschäftsjahr die Gesamtkosten um 10 % zu reduzieren. Daher sollen die Abteilungen Einkauf, Lager und Produktion gemeinsam Vorschläge zur Optimierung der logistischen Prozesse entwickeln.
- Der Informations- und Kommunikationsfluss zwischen hauptamtlichen und ehrenamtlichen Mitarbeitern einer Umweltschutzorganisation ist unbefriedigend. Die Geschäftsführung drängt auf eine Onlinelösung.
- Der Vorstand einer Bank erwägt die Entwicklung und Einführung eines neuen Online-Konzeptes für die Vermögens- und Anlageberatung der Kunden.
- Eine Einzelhandelskette für EDV-Zubehör vermutet ein bisher ungenutztes Marktpotenzial in einer Kleinstadt im Frankfurter Raum und erwägt daher die Einrichtung und Eröffnung einer neuen Filiale.

Bei Problemen geht es also immer darum, dass die derzeitige Situation – das „Ist" – erheblich von einem gewünschten Zustand – dem „Soll" – abweicht.

Ein erster Schritt, um zum Kern des Problems vorzudringen, ist eine Analyse des Problems, welche sich in zwei Schritten vollzieht: einer detaillierten Problembeschreibung und einer anschließenden Analyse der Problemursachen. Ziel dieser Analyse ist es, mehr über das Problem zu erfahren, um daraus die Aufgabenstellung des Projekts und effektive Lösungswege zu entwickeln.

Beschreiben des Problems

Im Rahmen der Problembeschreibung soll das Problem näher erfasst werden. Dazu werden Antworten auf folgende Fragen gesucht:

- Welches Problem tritt konkret auf?
- Wie macht sich das Problem bemerkbar?
- In welchen Unternehmensbereichen bzw. bei welchen Produkten bzw. bei welchen Prozessen tritt das Problem auf?
- Auf welche Weise können die derzeitige Situation bzw. der betroffene Prozess im Detail erhoben und dargestellt werden (Ist-Analyse)?
- Seit wann tritt das Problem auf?
- Welche betriebswirtschaftlichen Auswirkungen hat das Problem?
- Welche Personen sind beteiligt?
- Welche Sachmittel kommen gegenwärtig zum Einsatz?
- Wie laufen die Prozesse derzeit ab?
- In welchem wirtschaftlichen und technischen Umfeld wird das Problem beobachtet?

Analysieren der Ursachen

In einem zweiten Schritt wird analysiert, wie es zu diesem Problem kommen konnte und ob das Problem selbst Ursache anderer Probleme ist. Häufig kann aus den Problemursachen bereits auf mögliche Problemlösungen geschlossen werden. Nun müssen folgende Fragen beantwortet werden:

- Wie konnte es zu der Abweichung zwischen „Ist" und „Soll" kommen?
- Hängen die Ursachen mit den beteiligten Personen zusammen?
- Liegt die Ursache für das Problem in der Organisation des Unternehmens oder des Geschäftsprozesses?
- Liegen Ursachen in den verwendeten Sachmitteln, Verfahren oder technischen Hilfsmitteln?
- Sind Veränderungen im Umfeld für die Entstehung des Problems verantwortlich – und wenn ja, welche?

Die Ergebnisse dieser Problemanalyse werden schriftlich dokumentiert.

1.1.2   Formulieren der Projektziele und Anforderungen

„Wer nicht weiß, wo er hin will, darf sich nicht wundern, wenn er ganz woanders ankommt."
Mark Twain

Bevor die eigentliche Arbeit im Projekt beginnen kann, ist es von höchster Bedeutung, sich Klarheit über die Projektziele zu verschaffen. Diese gelten für das gesamte Projekt und stellen eine Richtschnur für alle Projektbeteiligten dar. Am Grad der Erreichung dieser Ziele wird letztlich der Projekterfolg gemessen.

 Ziel = gedanklich vorweggenommener zukünftiger Zustand, der bewusst ausgewählt und durch aktives Handeln erreicht wird.

Auftraggeber und Auftragnehmer müssen gleiche Vorstellungen von den Projektzielen haben, wenn es keine bösen Überraschungen hinsichtlich des Projektergebnisses geben soll. Diese Übereinstimmung wird konkret über die Formulierung und Vereinbarung von Projektzielen erreicht.

Zielfunktionen

Im Laufe des gesamten Projekts übernehmen die Projektziele mehrere Funktionen, die dem Projekterfolg dienlich sind und sich wie folgt zusammenfassen lassen:

- **Klärungsfunktion:** Auftraggeber und Auftragnehmer wird unmissverständlich vor Augen geführt, was genau erreicht werden soll.

- **Orientierungsfunktion:** Projektleiter und Projektteam können sich bei allen Maßnahmen an den betreffenden Zielen orientieren.

- **Motivationsfunktion:** Das nachweisliche Erreichen von Teilzielen wirkt motivierend auf die Projektmitglieder.

- **Kontrollfunktion:** Mithilfe konkreter Ziele kann objektiv überprüft werden, wie erfolgreich das Projektteam gearbeitet hat.

Zielkomponenten

Projektziele lassen sich grundsätzlich in drei Zielkomponenten zerlegen:

Abb. 8: Zielkomponenten von Projektzielen

Während sich das **Sachziel** auf das Projektergebnis bezieht, dienen das **Kosten-** und **Terminziel** der Beachtung der Rahmenbedingungen. Alle drei Zielkomponenten lassen sich sowohl auf das Gesamtziel als auch auf isolierte Teilziele beziehen.

Bedeutende Schlüsselereignisse des Projekts wie etwa die Fertigstellung des Rohbaus bei einem Immobilienprojekt werden als **Meilenstein** bezeichnet und häufig mit einem Terminziel verknüpft. Bei externen Projekten können Meilensteine zur Fälligkeit vertraglich vereinbarter Teilzahlungen führen.

Formulieren der übergreifenden Projektziele

Da die Projektziele Grundlage für den Projektauftrag und damit für das weitere Vorgehen sind, muss ihrer richtigen Formulierung unbedingt große Aufmerksamkeit und ausreichend Zeit geschenkt werden. Für die Formulierung zweckmäßiger Projektziele gibt es daher Regeln, von denen die wichtigsten in folgender Checkliste zusammengefasst sind:

Checkliste zur Formulierung zweckmäßiger Projektziele

✓ Das Ziel muss präzise und klar formuliert werden (keine undeutlichen Formulierungen, hinter denen sich weitere Ziele verstecken können).

✓ Das Ziel muss tatsächlich erreichbar sein.

✓ Das Ziel muss objektiv messbar (operationalisierbar) sein.

✓ Das Ziel darf keine Lösungswege vorwegnehmen (nicht das „Wie", sondern das „Was" muss geklärt werden).

✓ Jedes Ziel weist aus, bis wann es erreicht sein soll (Zeitbezug).

Positivbeispiel
Entwicklung, Umsetzung und Publikation der XY Website im neuen Corporate Design bis zum 30. Juni 20..

Negativbeispiel
Erstellung einer neuen Website bis zum Herbst

Formulieren der Detailanforderungen

Die vorliegenden Projektziele werden nun in detaillierte Anforderungen ausdifferenziert, die das Projektergebnis (Produkt) erfüllen muss. Dabei sind auch hier die Regeln der Zielformulierung zu beachten. Vor allem müssen die Anforderungen unmissverständlich sein und dürfen keine Lösungswege vorwegnehmen.

Beispiel: Die Datenbank XY ...
- muss auf dem Betriebssystemen (Version Z) vollständig lauffähig sein,
- darf maximal XY GB Speicherplatz in Anspruch nehmen,
- muss in der Lage sein, alle Personaldaten vollständig zu importieren,
- usw.

Bei Großprojekten können dabei viele Ordner mit zahllosen Anforderungen gefüllt werden. Die Anforderungen des Auftraggebers werden in das **„Lastenheft"** (nach DIN 69901-5, siehe Glossar) des Auftraggebers aufgenommen. Es beantwortet die Frage, **„was wofür"** zu entwickeln ist.

1.1.3   Entwerfen des Lösungskonzepts

Auf Grundlage der übergreifenden Projektziele und der Detailanforderungen entwickelt das Projektteam bzw. ein eigens zusammengestelltes Angebotsteam ein „Lösungskonzept". Dabei handelt es sich um Skizzen des Endprodukts (z. B. Struktur und Grobdesign einer Website, Eingabemasken einer Software usw.). In diesem Stadium geht es noch nicht darum, sorgfältige Detailzeichnungen oder Bildschirmmasken zu erstellen, sondern vielmehr um grobe Entwürfe, die einen möglichen Lösungsweg visualisieren. Diese Entwürfe werden benötigt, um ...

- dem Auftraggeber konkret vor Augen zu führen, wie sein Produkt aussehen könnte. So kann er in diesem Stadium noch Änderungswünsche einbringen, ohne hohe Kosten zu verursachen,

- dem Auftragnehmer eine Grundlage für die eigene Projektplanung zu schaffen.

Ein professioneller Auftragnehmer skizziert dabei nicht nur einen, sondern gleich mehrere Lösungswege und wählt gemeinsam mit dem Auftraggeber den besten aus. Der ausgewählte Entwurf des Lösungskonzepts wird (gemeinsam mit der Projektplanung) in das „**Pflichtenheft**" (nach DIN 69901-5, siehe Glossar) des Auftragnehmers aufgenommen. Es beantwortet die Frage, „**wie und womit**" die Forderungen des Auftraggebers realisiert werden sollen.

1.1.4   Analysieren der Durchführbarkeit

Ob ein Problem überhaupt durch ein Projekt gelöst werden soll, hängt von der Entscheidung der verantwortlichen Entscheidungsträger im Unternehmen ab. Entscheidungskriterien sind dabei vor allem:

- **Machbarkeit:** Das Projekt muss tatsächlich realisierbar sein.

- **Projektrisiken:** Alle Projektrisiken (z. B. technische, personelle, planerische, vertragliche oder politische) müssen abschätzbar und begrenzt sein.

- **Wirtschaftlichkeit:** Aufwand und Erfolg müssen in einem angemessenen Verhältnis stehen.

Gibt es alternative Problemlösungsmöglichkeiten neben dem Projekt, so muss eine gut begründete Entscheidung für eine Lösungsalternative getroffen werden. Nicht immer ist ein Projekt die ideale Problemlösung, denn es ist aufwendig und verursacht hohe Kosten.

Grobplanungen und Vorstudien

Bei kleineren Projekten wird eine Entscheidung zur Projektdurchführung häufig sehr früh getroffen. Bei größeren Projekten beschaffen sich die Entscheidungsträger in der Regel zunächst fundierte Informationen, bevor sie sich für ein Projekt entscheiden. Oft ist es erforderlich, umfangreiche Planungskonzepte zu entwickeln, um Aussagen über Kosten und Nutzen des Projekts zu erhalten. Dazu greift der zukünftige Projektleiter auf Experten zurück, um in einer groben Projektplanung vorrangig Projektkosten zu schätzen und Meilensteine zu benennen. Umfangreiche Grobplanungen, die die Grundlage der Entscheidung zur Projektdurchführung darstellen, nennt man **Vorstudien**. Diese können ebenfalls in Form eines Projektes entwickelt werden.

Die Entscheidung zur Durchführung eines Projektes wird erst mit der Unterzeichnung eines Projektauftrags durch Auftraggeber und Auftragnehmer verbindlich. Auftraggeber kann dabei ein externes Unternehmen oder eine Organisationseinheit im Unternehmen selbst sein.

1.1.5 Abschließen des Projektvertrags

Der Projektvertrag stellt die juristisch verbindliche Willenserklärung von Auftraggeber und Auftragnehmer zur Projektdurchführung dar. Die Ausarbeitung des stets schriftlichen Projektvertrags, welche häufig erst nach der Projektplanung abgeschlossen werden kann, erfordert große Sorgfalt und Genauigkeit, denn er dient beiden Vertragsparteien bis zum Projektende als verbindliche Richtschnur. Je sorgfältiger der Projektvertrag entwickelt wird, desto geringer ist das Risiko von Missverständnissen und Problemen im gesamten Projektverlauf. Im Idealfall entsteht der Projektvertrag nach und nach in folgenden Schritten:

Schritt 1
Der Auftraggeber sendet eine Anfrage an den Auftragnehmer.

Schritt 2
Der Auftraggeber formuliert die wichtigsten Anforderungen an die Lieferungen und Leistungen des Auftragnehmers (Lastenheft grob). Dabei wird er vom Auftragnehmer beraten.

Schritt 3
Der Auftragnehmer entwickelt einen Grobentwurf des Lösungskonzepts sowie seiner wichtigsten Zusatzleistungen (Pflichtenheft grob).

Schritt 4
Der Auftraggeber formuliert einen detaillierten Anforderungskatalog an die Lieferungen und Leistungen des Auftragnehmers (Lastenheft fein). Auch hier berät ihn der Auftragnehmer.

Schritt 5
Der Auftragnehmer entwickelt ein detailliertes Lösungskonzept sowie eine Auflistung sämtlicher Zusatzleistungen (Pflichtenheft fein).

Schritt 6
Der Auftragnehmer entwickelt eine grobe Projektplanung (siehe Kapitel B 2). Diese ist erforderlich, um Termine, Meilensteine und Projektbudget abschätzen zu können.

Schritt 7:
Auftraggeber und Auftragnehmer schließen einen Projektvertrag auf Grundlage von detailliertem Lasten- und Pflichtenheft. Diese sind nun Bestandteile des Vertrags.

 Der Projektvertrag kann in Form eines umfangreichen Angebots oder eines Projektauftragsformulars vorbereitet werden.

Erstellen eines Angebots

In der Regel erstellt der Auftragnehmer zunächst ein Angebot, welches neben den Kundenanforderungen („Was?") sowie einem Lösungskonzept zur technischen Umsetzung („Wie?") auch alle Zeitziele, sämtliche Randbedingungen sowie das Projektbudget enthält. Darüber hinaus kann das Angebot enthalten:

- Projektplanung
- Leistungsgarantien
- Angaben zur Inbetriebnahme
- Mitwirkungspflichten des Kunden
- Zahlungsbedingungen
- Testläufe
- Produktabnahme
- Vertragsstrafen
- usw.

Mit Annahme des Angebots durch den Auftraggeber ist der Vertrag rechtsgültig. Dieser Annahme gehen in der Regel noch Änderungswünsche des Auftraggebers voraus.

Projektauftragsformular

Bei kleinen Projekten und vielen internen Projekten wird häufig ein sogenannter „Projektauftrag" erteilt. Dazu wird ein standardisiertes Projektauftragsformular ausgefüllt:

Projektauftrag	
Projektname:	
Projektleiter:	
Projektanlass:	
Projektziele und Detailanforderungen:	
Zu erarbeitende Ergebnisse:	
Projektbudget:	
Randbedingungen:	
Termine und Meilensteine	
Unterschriften	Auftraggeber Auftragnehmer

Abb. 9: Projektauftragsformular

Jedes Projekt erhält einen eindeutigen **Projektnamen**, um die interne Kommunikation beim Auftragnehmer zu erleichtern.

Der **Projektleiter** leitet das gesamte Projekt und ist verantwortlich für den Projekterfolg.

Der **Projektanlass** fasst die Ergebnisse der Problemanalyse zusammen und macht deutlich, warum dieses Projekt durchgeführt wird.

Die wichtigsten **Sachziele bzw. Detailanforderungen** des Auftraggebers an die Lieferungen und Leistungen des Auftragnehmers werden ausgewiesen. Diese beschreiben den vom Auftraggeber gewünschten Soll-Zustand.

Die **zu erarbeitenden Ergebnisse** (Lieferungen und Leistungen des Auftragnehmers) werden genau beschrieben.

Das **Projektbudget** entspricht dem Kostenziel und wird mithilfe der Projektplanung ermittelt.

In vielen Projekten müssen vorgegebene **Randbedingungen** berücksichtigt werden, welche die Freiheit des Auftragnehmers einschränken. Beispielsweise müssen behördliche Vorgaben eingehalten oder Sprechzeiten des Auftraggebers beachtet werden.

Der wichtigste **Termin** ist natürlich der Projektendtermin. Termine und Meilensteine werden aus der ggf. noch groben Projektplanung übernommen, die im Idealfall parallel zum Projektvertrag entwickelt wird.

Mit ihrer **Unterschrift** schließen Auftraggeber und Auftragnehmer einen verbindlichen Vertrag.

1.1.6 Einrichten der Projektorganisation

Wenn das Projekt in seinen Grundzügen bekannt ist, stellt sich bereits das Problem der Projektorganisation. In diesem Zusammenhang muss zunächst geklärt und organisiert werden, wie das Projekt in das Unternehmen integriert wird, wer das Projekt leitet und wer daran mitarbeitet. Darüber hinaus müssen die erforderlichen Arbeitsbedingungen organisiert werden.

Einbindung des Projekts in die Organisation

Grundsätzlich muss die Projektrahmenorganisation geregelt werden. Dabei geht es um die Frage, wie die einzelnen Projekte in die Organisation bzw. das Unternehmen eingebunden werden. Die wichtigsten Varianten sind:
- Projektkoordination
- Matrix-Projektorganisation
- Reine Projektorganisation

Bei der **Projektkoordination** gibt es statt eines Projektleiters einen Projektkoordinator mit beratender Funktion (Stabsstelle). Dieser koordiniert die Mitarbeit der Projektmitglieder, welche von den verschiedenen Fachabteilungen (z. B. Konstruktion, Produktion, Marketing) aus erledigt wird. Der Projektkoordinator hat keine Entscheidungs- und Weisungsbefugnis im Rahmen des Projekts, diese bleibt ausschließlich bei den Leitern der Fachabteilungen.

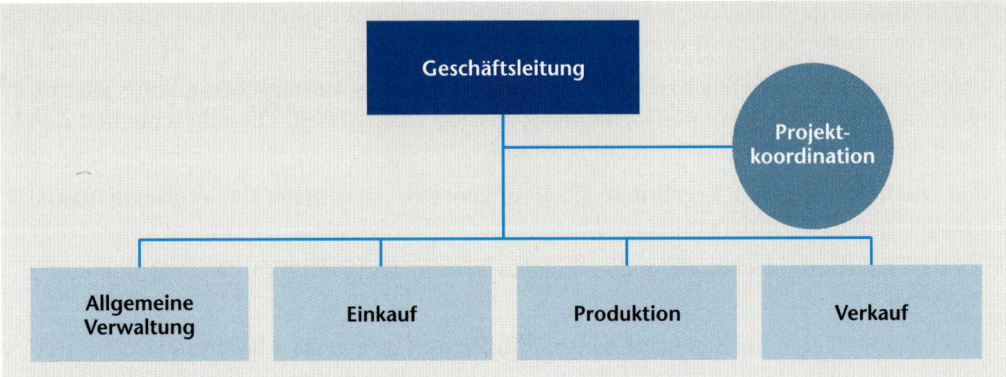

Abb. 10: Projektkoordination

Bei der **Matrix-Projektorganisation** wird die reine Linienorganisation um eine Projekt-organisation ergänzt. Dabei erhalten die Projektleiter Entscheidungs- und Weisungsbefugnis. Zwar bleiben auch hier die Projektmitglieder in den Fachabteilungen, aber die Weisungsbefugnisse zwischen Projekt- und Fachabteilung werden nun aufgeteilt, d. h., Projektleitung und Leitung der Fachabteilung müssen sich abstimmen. Die Projektmitglieder sind für den Projektzeitraum also „Diener zweier Herren".

Die **reine Projektorganisation** sieht die Einrichtung einer eigenen und selbstständigen Organisationseinheit vor. Alle Projektmitglieder werden für die Dauer des Projekts aus den Fachabteilungen abgezogen und einem Projektleiter unterstellt.

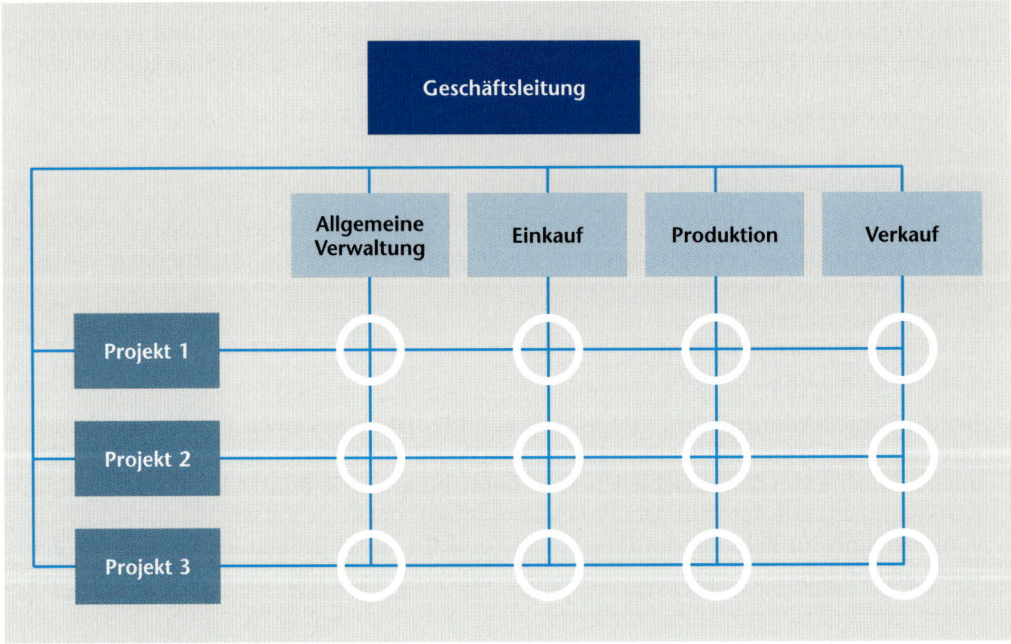

Abb. 11: Matrix-Projektorganisation

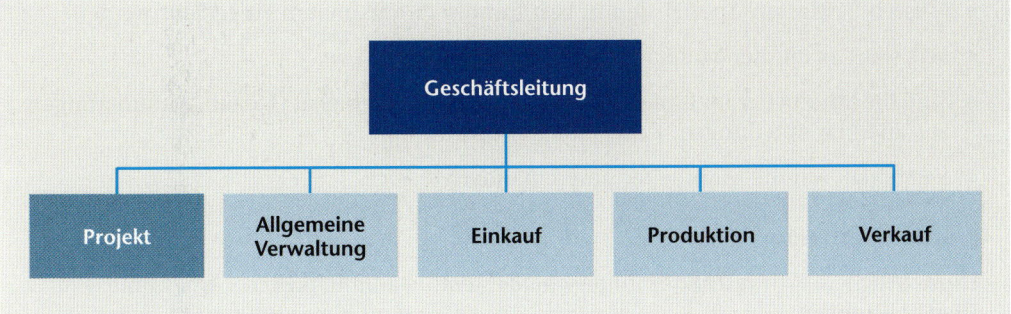

Abb. 12: Reine Projektorganisation

Projektleitung

Im Idealfall trägt der Projektleiter allein die Verantwortung für das Erreichen der Projektziele. Entsprechend ist er mit umfangreichen Befugnissen ausgestattet. So entscheidet er in Abstimmung mit der Unternehmensleitung über die Auswahl der Projektmitarbeiter und die Verteilung des Budgets. Nicht selten befindet er sich dabei in einem Spannungsfeld mit anderen Projekten, die parallel von der Geschäftsleitung verfolgt werden, was häufig zu einem „Kampf der Projektleiter um Ressourcen" führt. Er hat allen Mitarbeitern gegenüber Weisungskompetenz und Anspruch auf alle projektrelevanten Informationen. Im Zweifelsfall liegt die letzte Entscheidung bei ihm. Entsprechend werden an den Projektleiter hohe Anforderungen in fachlicher, methodischer wie auch sozialer Hinsicht gestellt. Die Hauptaufgaben des Projektleiters sind:

- Abstimmung der Projektziele mit dem Auftraggeber
- Zusammenstellung des Projektteams
- Organisation der Infrastruktur (siehe unten)
- Leitung des Planungsprozesses bzw. Planung des Projektverlaufs
- Steuerung und Kontrolle des gesamten Projektverlaufs
- Führung der Projektmitarbeiter
- Gelegentliche Mitarbeit (abhängig von der Größe des Unternehmens und des Projekts)
- Sicherstellung des Informationsflusses unter den Projektmitarbeitern
- Kontakt zum Auftraggeber
- Präsentation des Projektergebnisses
- Sicherstellung der Dokumentation

Projektteam

Erfolgreiche Teamarbeit ist eine Grundvoraussetzung für das Gelingen eines Projekts. Um ein erfolgreiches Projektteam zusammenzustellen, führt der Projektleiter im Idealfall zunächst Gespräche mit den entsprechenden Mitarbeitern und deren Vorgesetzten zu folgenden Fragen:

- Sind die Mitarbeiter angemessen qualifiziert?
- In welchem Maße sind zusätzliche Qualifikationsmaßnahmen erforderlich?

- Müssen bestimmte Spezialisten in bestimmten Projektphasen eingeplant werden?

- Wie sieht es mit der Motivation der Mitarbeiter aus?

- Sind die Mitarbeiter im Projektzeitraum tatsächlich verfügbar (Urlaub, Anforderungen aus anderen Abteilungen, Fortbildungen usw.)?

- Verstehen sich die Mitarbeiter untereinander?

Projektinfrastruktur

Hinsichtlich der Infrastruktur unterscheidet man Räumlichkeiten, Arbeitsmittel und Dienstleistungen:

- **Räumlichkeiten:** Büros, Arbeits- und Konferenzräume und ein Sekretariat. Diese sind zu prüfen auf Eignung hinsichtlich Größe, Lage, Verfügbarkeit und technischer Anbindung (Anschlüsse für Telefon, Telefax, Internet, Netzwerk).

- **Arbeitsmittel:** Computer, ggf. vernetzt, in ausreichender Anzahl mit erforderlichen Leistungsmerkmalen und erforderlicher Software, Scanner, Drucker, CD-Brenner, Kopierer, Telefone und Faxgeräte, Moderationsmaterial (Flipcharts, Stifte, Pinnwände, Karten, Whiteboard, usw.)

- **Dienstleistungen:** Dienstleistungen des Sekretariats oder anderer Unternehmenseinheiten (z. B. Dokumentationsstelle)

Projektinformationssystem

Ein Kernproblem vieler Projekte ist das der Informationsweitergabe bzw. -beschaffung. Viele Projektmitarbeiter werden unabsichtlich über wichtige Entscheidungen nicht informiert, andererseits wissen diese häufig nicht, wen sie wann worüber informieren sollen. Zu diesem Zweck wird ein „Projektinformationssystem" eingerichtet.

- *Leitfrage des Projektinformationssystems: Wer informiert wen wann wie worüber?*

Mithilfe folgender Techniken und entsprechender Vereinbarungen über deren Nutzung kann der Informationsfluss optimiert werden:

- **Dokumentenablage:** Diese wird in Form eines strukturierten Onlineverzeichnisses (vgl. Abschnitt B/3.1.5) eingerichtet, entsprechende Lese- und Schreibrechte werden zugewiesen und im Intranet bzw. einer internetgestützten Plattform hinterlegt.

- **E-Mail:** Diese ist nach Tom Peters[1] das wichtigste Element eines Projektinformationssystems. Dabei sollte ein standardisiertes E-Mail-Formular gewährleisten, dass alle grundsätzlich relevanten Informationen enthalten sind. Damit der Absender die Kenntnisnahme der E-Mail kontrollieren kann, sollte er vom Adressaten eine Empfangsbestätigung verlangen, denn eine nicht gelesene Mail hat keinen Nutzen.

- **Teambesprechungen:** Diese stellen sicher, dass die Mitarbeiter der verschiedenen Bereiche regelmäßig über Entwicklungen in anderen Teilbereichen des Projekts informiert sind (siehe Abschnitt B/3.1.3).

- **Review (engl.: Überprüfung):** In großen Meilensteinveranstaltungen informieren alle Projektmitarbeiter das gesamte Projektteam über ihre Zwischenergebnisse. Damit werden alle Projektmitarbeiter über alle Details informiert. Die Anwesenheit

---

[1] *Tom Peters: Projektmanagement, München 2001.*

ist i. d. R. Pflicht und wird dokumentiert. Die Effizienz von Reviews kann gesteigert werden, wenn sie von Experten begleitet werden.

Die einzelnen Techniken sind jedoch völlig nutzlos, wenn es kein für alle transparentes und einfaches **Regelsystem** gibt. Grundsätzlich lassen sich hinsichtlich der Weiterleitung von Informationen im Team eine Holschuld (bei Routinevorgängen) und eine Bringschuld (bei Problemen) unterscheiden. So kann von jedem Mitarbeiter verlangt werden, sich täglich selbstständig über Planänderungen zu informieren (Holschuld), aber auch den Projektleiter über unerwartete Terminkonflikte in Kenntnis zu setzen (Bringschuld).

1.1.7   Leiten des Kick-Off-Meetings

Das Kick-Off-Meeting ist die erste gemeinsame Sitzung des gesamten Projektteams nach Erteilung des Projektauftrags.

Üblicherweise verfolgt ein Kick-Off-Meeting die im Folgenden aufgeführten Ziele:

Gleicher Informationsstand

Der Projektleiter informiert alle Teammitglieder über:

- Auftraggeber und dessen Bedeutung für das Unternehmen
- Projektauftrag, Projektziele und Projektaufgaben
- Projektorganisation
- Grobe Zeitplanung und Meilensteine
- Vorgehensweisen/Methoden/Einsatz von Werkzeugen, sofern sie verbindlich sind

Kennenlernen der Projektmitglieder untereinander

Da alle Beteiligten in nächster Zukunft eng zusammenarbeiten sollen, ist es sinnvoll, dass sich die Teammitglieder kennen. Falls dies noch nicht der Fall ist, ist es sinnvoll, dass sich die Projektmitarbeiter untereinander vorstellen. Das kann beispielsweise geschehen, indem sich jeweils zwei Mitarbeiter gegenseitig befragen und anschließend den jeweils anderen vorstellen. Später werden sich die Projektmitglieder intensiver im Rahmen der gemeinsamen Arbeit kennenlernen.

Rolle und Erwartungen der einzelnen Teammitglieder

In diesem Zusammenhang sollten die Teammitglieder ihre Fachkenntnisse und Erfahrungen in Projektarbeit einerseits als auch ihre Erwartungen und Wünsche hinsichtlich des Projektverlaufs andererseits mitteilen.

Vereinbaren von Spielregeln

Für die Zusammenarbeit eines Teams sollten stets gemeinsame Spielregeln formuliert werden, die anschließend schriftlich festgehalten werden. An dieser Stelle können sich zuvor geäußerte Erwartungen von Teammitgliedern in konkreten Regeln niederschlagen und vom gesamten Team verabschiedet werden. Sie sind dann verbindlicher Verhaltensmaßstab für dieses Projekt.

Das können etwa Regeln zum Ablauf von Besprechungen sein, wie z. B. die Einhaltung einer Rednerliste, damit kein Beitrag übergangen wird, aber auch Regeln zum Konfliktmanagement oder Regeln der Weiterleitung von Informationen oder Arbeitsergebnissen.

Verteilung von Aufgaben und Qualifizierungsmaßnahmen

Sofern eine Grobplanung des Projekts vorliegt, kann an dieser Stelle bereits die Zuordnung konkreter Aufgaben oder grober Aufgabenbereiche zu den einzelnen Projektmitgliedern bzw. Teilteams erfolgen. Dabei sollte sich der Projektleiter an Qualifikation und Interesse der Projektmitglieder orientieren.

In diesem Zusammenhang sind ergänzende Schulungsmaßnahmen zur Qualifizierung der Mitarbeiter mit den betreffenden Projektmitarbeitern zu diskutieren oder zu vereinbaren, sofern sie für die Bearbeitung des Projektes erforderlich sind.

1.2   Praxisfall RIPOS-Projekt

Problembeschreibung und -analyse

Die Meier Möbelwerke GmbH produziert hochwertige Holzmöbel in den drei Produktlinien Wohnmöbel, Büromöbel und Gartenmöbel. Kunden sind Möbelgroß- und einzelhandlungen (u. a. Möbelhäuser, Büroausstatter und Gartencenter), überwiegend auf dem deutschen Markt. Der seit drei Jahren in Struktur und Design unveränderte Internet-Auftritt (lediglich das Unternehmen und Teile des Produktprogramms werden im Überblick vorgestellt) entspricht nicht mehr den Anforderungen der Geschäftsleitung und der Kunden. Der Vertriebsbereich regt daher zur Aktualisierung und Erweiterung der Kommunikationspolitik den Relaunch der Website des Unternehmens an.

In einem gemeinsamen Gespräch mit Vertretern der Bereiche Vertrieb, Einkauf/Logistik, IT und der Geschäftsleitung wird das Problem beschrieben und analysiert. Marktforschungsergebnisse zeigen, dass sich viele Verbrauchergruppen nicht nur in den Möbelgeschäften über Produkte informieren, sondern sich auch durch eigene Internetrecherchen im Detail über das aktuelle Produktangebot orientieren wollen. Der Vertrieb fordert daher die Möglichkeit, das gesamte Produktprogramm in strukturierter Form unter Angabe der Produkteigenschaften darstellen zu können. Darüber hinaus wird eine Vereinfachung der Kommunikation mit den interessierten Verbrauchern gewünscht, die über eine entsprechend einzurichtende Kontaktmöglichkeit Kataloge und Prospekte anfordern können. In diesem Zusammenhang wird darauf verwiesen, dass die Grundsätze der Meier Möbelwerke zum Corporate Design im vergangenen Jahr erheblich verändert wurden und sich auch in der neuen Internet-Präsenz wiederfinden müssten.

Die Vertriebsmitarbeiter ergänzen, dass die Möbelhändler immer häufiger den Wunsch äußern, alle Produkte online bestellen zu können. Für diese Kunden sollte ein Online-Shop eingerichtet werden. Dieser Bereich müsste allerdings, um ihn nur dem entsprechenden Kundenkreis zu öffnen, mit einer Berechtigungsprüfung („Händler-Log-in") verbunden sein. Außerdem bemängeln einige Händler den Service der Meier Möbelwerke GmbH: So seien Ansprechpartner oft weder bekannt noch erreichbar und viele wichtige Herstellerinformationen erfahre man eher zufällig.

Schließlich legt die Geschäftsleitung der Meier Möbelwerke GmbH großen Wert darauf, mehr als in der Vergangenheit über den Einsatz ökologischer Rohstoffe und umweltfreundliche Produktionsverfahren der Meier Möbelwerke zu informieren.

Als Ergebnis des Gesprächs wird die Notwendigkeit einer vollständigen Neugestaltung („Relaunch") der Internet-Präsenz festgestellt.

Herr Bertram, Leiter der IT-Abteilung, wird als Verantwortlicher für den Relaunch benannt und beauftragt, sich um alles Weitere zu kümmern. Er hat als Mitarbeiter in verschiedenen Projektteams und als Leiter von zwei erfolgreich abgeschlossenen Projekten gute Kenntnisse im Projektmanagement sammeln können. Ein externes Beratungsunternehmen soll zur Qualitätssicherung von Aufbau und Design der Site beitragen.

Eine Prüfung des Vorhabens durch Herrn Bertram ergibt, dass alle Merkmale für ein Projekt erfüllt sind:

- Der Relaunch der Website wird in dieser Form **einmalig** durchgeführt; die spätere Pflege der We ist nicht mehr Gegenstand des Projekts.

- Die **Ziele** des Vorhabens sind vorgegeben und vor Beginn der Arbeiten zu präzisieren.

- Das Vorhaben ist **zeitlich begrenzt**, da die neue Homepage zum 31. Juli im Internet verfügbar sein soll. Das **Budget** zur Finanzierung der erforderlichen personellen **Ressourcen und Sachmittel** ist der Geschäftsleitung im Rahmen des Projektauftrags anzugeben.

- Das Vorhaben **grenzt sich** klar **von anderen Vorhaben ab** und führt zu dem Ergebnis der Verfügbarkeit der neuen Site im Internet.

- Das Vorhaben soll in Form der reinen **Projektorganisation** durchgeführt werden.

- Das Vorhaben weist einen gewissen Grad an **Komplexität** auf, da neben den technischen Aspekten auch Fragen zu Inhalt, Design, Marketing, Betriebswirtschaft und Internet-Sicherheit zu klären sind.

- Die Anforderungen an die Site sind hoch, die Umsetzung dementsprechend **aufwendig**.

- Das Vorhaben kann nur **fachübergreifend** gelöst werden, da neben den IT-Spezialisten auch das Know-how der Mitarbeiter in Vertrieb, Logistik und Produktion sowie des externen Beraters gefragt sind.

- Das Vorhaben wird als **Teamarbeit** zu lösen sein, da das Fachwissen mehrerer Mitarbeiter verschiedener Fachgebiete einzubeziehen ist.

Da das erforderliche Know-how im Hause ist, entscheidet sich die Geschäftsleitung zur Realisation des Vorhabens als internes Projekt und wählt den Projektnamen „Relaunch Internet-Präsenz mit Online-Shop" – kurz „RIPOS" genannt.

Klärung der Projektziele und Detailanforderungen

Die Ziele des Projekts werden von der Geschäftsleitung, den Vertretern der Bereiche Vertrieb und Einkauf/Logistik und dem Projektleiter formuliert:

Sachziele und Anforderungen

- Das Projektteam erstellt und publiziert im Internet eine neue Website für die Meier Möbelwerke GmbH.

- Die Website erhält eine einfache und klare Navigationsstruktur. Vorgesehen sind max. vier Ebenen.

- Sämtliche Informationen der Site sind mit allen handelsüblichen Browsern einsehbar.

- Die Homepage erfüllt die Anforderungen an das neue Corporate Design der Meier Möbelwerke GmbH.

- Jede Produktlinie wird mit ihrem aktuellen Programm und Informationen zu eingesetzten Rohstoffen und Produktionsverfahren vorgestellt.

- Alle durch die Meier GmbH belieferten Möbelhäuser werden vorgestellt.

- Das Unternehmen soll mit den Verwaltungs- und Produktionsgebäuden in ansprechender Form dargestellt werden.

- Die umweltorientierte Philosophie des Unternehmens soll anschaulich dargestellt werden.

- Für Möbeleinzelhändler als Direktkunden wird ein „Händler-Log-in" eingerichtet, welcher den Zugang zu folgenden Informationen freischaltet:

  - Online-Shop zur Bestellung sämtlicher Produkte: Im Shop sollen alle Produkte mit Beschreibung, Foto, Maßangaben und Preisen enthalten sein.

  - Allgemeine Geschäftsbedingungen (AGB), Preise, Konditionen (Rabattstaffel) und Sonderangebote

  - Sonderangebote und News (Informationen zu neuen Produkten usw. in Text und Bild)

  - Ansprechpartner mit Foto

  - Downloadmöglichkeit von PR-Dateien (z. B. das Logo von Meier Möbel in unterschiedlichen Größen, Presse- oder Testberichte usw.)

- Endkunden und Direktkunden sollen durch eine Information in der alten Site auf den anstehenden Relaunch hingewiesen werden.

- Je zwei Mitarbeiter aus den Bereichen Vertrieb und Einkauf/Logistik sollen so weit in das Produkt eingewiesen werden, dass sie selbstständig einfache Aktualisierungen vornehmen können.

Terminziele

- Ein endgültiges Detailkonzept wird der Geschäftsleitung am 9. Mai vorgestellt.

- Die Erstellung der Website ist am 18. Juli abgeschlossen.

- Spätestens am 31. Juli wird die Homepage im Internet publiziert.

Kostenziel

Der Projektleiter rechnet mit einem Arbeitsaufwand von 1.100 Stunden für die Entwicklung der Homepage, die mit einem internen Verrechnungssatz von 45,00 EUR in Ansatz gebracht werden. Die Projektleitung wird pauschal mit 7.000,00 EUR verrechnet. Die Kosten für den Online-Shop und die Entwicklungssoftware werden mit 1.000,00 EUR beziffert. Die Projektkosten gehen zu Lasten des Marketingbudgets. Insgesamt fallen also Projektkosten in Höhe von 57.500,00 EUR an.

Entwurf des Lösungskonzepts

In der IT-Abteilung wird ein erster Entwurf der Website schriftlich skizziert: Für Startseite sowie eine Unterseite jeder Ebene wird ein Gestaltungsvorschlag entwickelt. Dem Designvorschlag liegt ebenfalls ein erster Grobentwurf der Site-Struktur bei, auf dem deutlich wird, wie die gesamte Site aufgebaut sein soll (siehe Abb. 13 bis 15).

Durchführbarkeitsanalyse

Das Lösungskonzept wird gemeinsam von Mitarbeitern der Abteilungen Marketing und IT entwickelt. In diesem Zusammenhang stellen die IT-Mitarbeiter fest, dass handelsübliche Shopsoftware eingesetzt werden kann, welche mit jedem gewünschten Webdesign kompatibel ist und die Integration zusätzlicher HTML-Seiten erlaubt. Somit können erhebliche Kosten gegenüber vollständig manueller Programmierung eingespart werden. Das erforderliche Design ist im Hause.

Lösungskonzept: Entwurf der fertigen Website mit Online-Shop (Auszug)

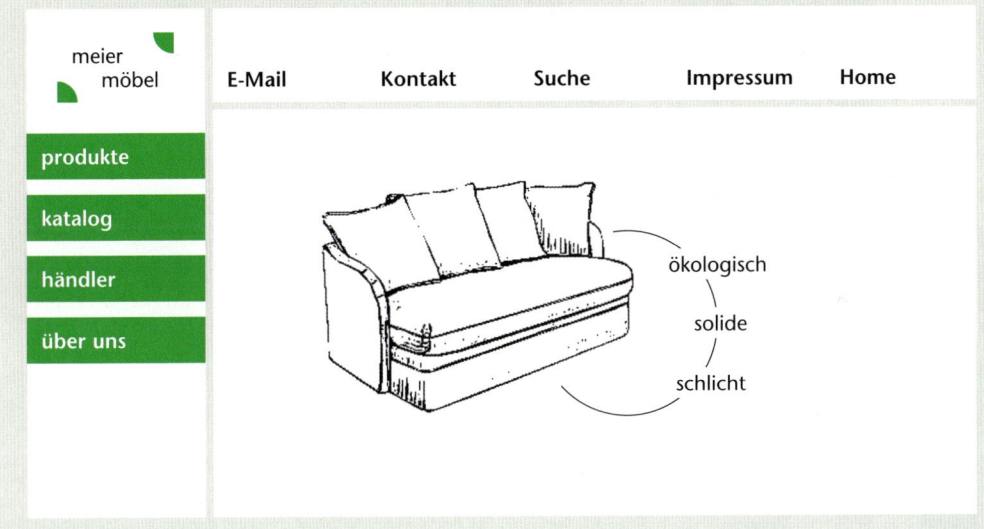

Abb. 13: Startseite der neuen Site

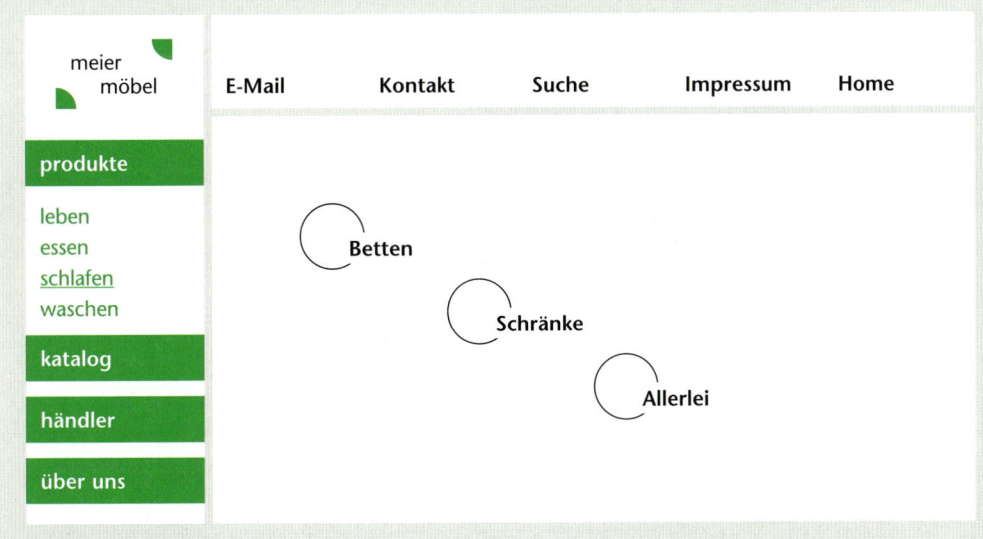

Abb. 14: Unterseite der neuen Site

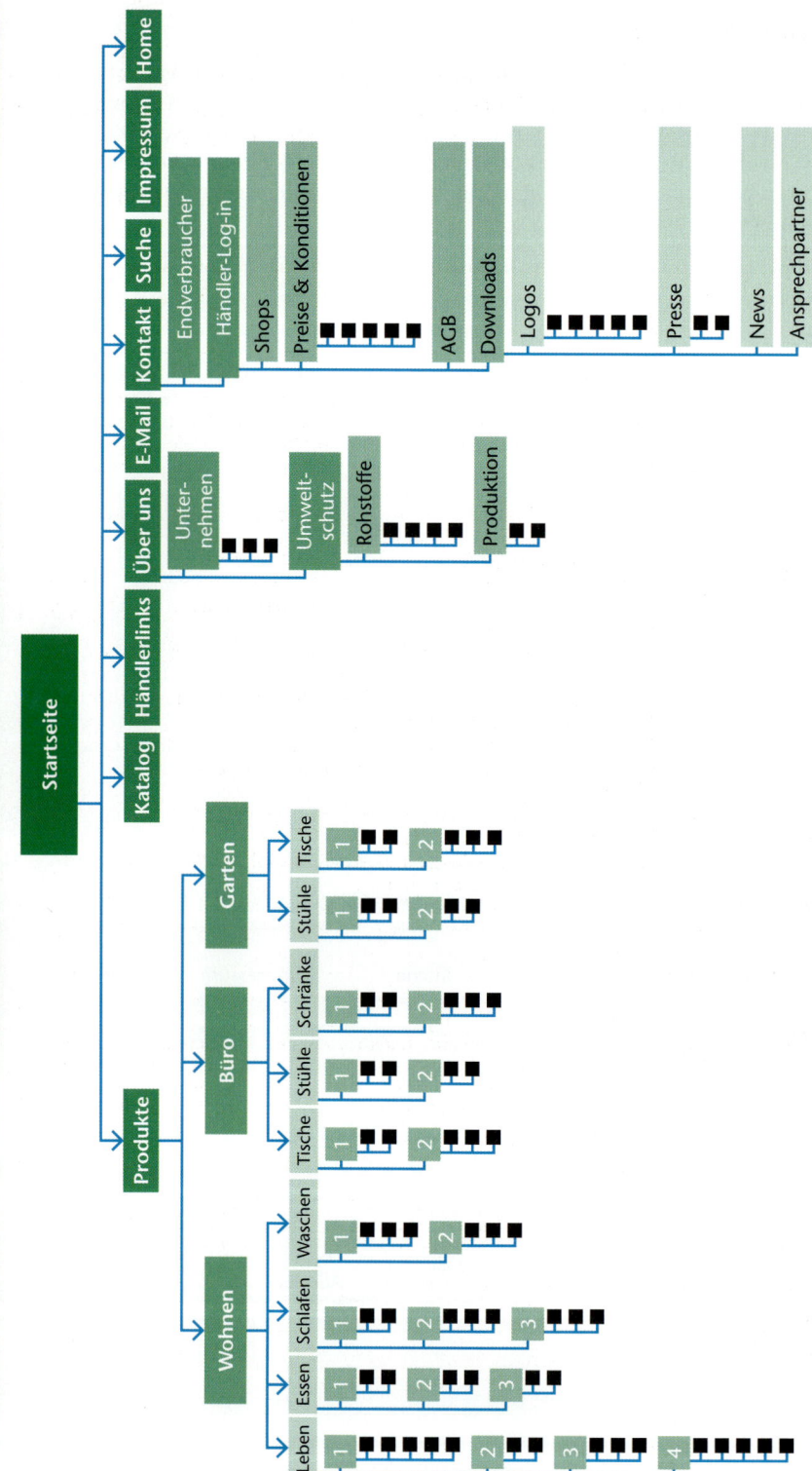

Abb. 15: Site-Struktur

Projektauftrag

Der Projektleiter nimmt als (interner) Auftragnehmer den zuvor gemeinsam formulier-
ten Projektauftrag von der Geschäftsleitung in ihrer Rolle als (interner) Auftraggeber
entgegen. Das Budget und die Termine wurden auf Grundlage einer groben Projektplanung festgelegt. Der Auftrag beinhaltet neben dem Projektauftragsformular die Detailanforderungen durch den Auftraggeber (Lastenheft) sowie das Lösungskonzept des
Auftragnehmers (Pflichtenheft) als Anlagen:

Projektauftrag	
Projektname:	RIPOS – Relaunch Internet-Präsenz mit Online-Shop
Projektleiter:	Manfred Bertram, Leiter IT-Systeme
Projektanlass:	– Die Möbelhäuser als Direktkunden wünschen die Möglichkeit der Online-Bestellung sowie verschiedener Online-Serviceleistungen. – Zunehmendes Interesse der Endverbraucher an Online-Informationen zu Produkten und Unternehmen – Der Umweltschutzgedanke der Meier Möbelwerke GmbH wird über die bisherige Site nur unzureichend kommuniziert. – Neues Corporate Design der Meier Möbel GmbH
Projektziele/ Detailanforderungen: (Details: siehe Lastenheft)	– Erstellung und Publikation einer neuen Internetpräsenz für die Meier Möbelwerke GmbH – Internationale Möbelhäuser können online bei der Meier Möbel GmbH alle Produkte bestellen. – Endverbraucher können sich online ausführlich über das vollständige Produktprogramm informieren. – Der Umweltgedanke wird auf der Website der Meier Möbel GmbH deutlich unter Berücksichtigung des neuen Corporate Design kommuniziert.
Zu erarbeitende Ergebnisse: (Details: siehe Lastenheft)	– Detailkonzept der neuen Site – Entwicklung und Publikation einer neuen Website mit integriertem Online-Shop für Direktkunden – Einweisungsunterlagen für die Mitarbeiter
Projektbudget:	57.500,00 EUR
Randbedingungen:	– Die bisherige Domain soll beibehalten werden. – Die Website berücksichtigt geltendes Onlinerecht. – Externe Berater sollen zur Qualitätssicherung von Aufbau und Design der Site beitragen.
Termine und Meilensteine	– 9. Mai: Vorstellung Detailkonzept vor der Geschäftsleitung – 18. Juli: Die Website liegt auf CD vor.
Unterschriften	Auftraggeber (Name, Unterschrift)　　　　Auftragnehmer (Name, Unterschrift)

Abb. 16: Projektauftragsformular für das RIPOS-Projekt

Lastenheft zum Projekt RIPOS

Folgende Detailanforderungen des Auftraggebers an die Lieferungen und Leistungen des Auftragnehmers sind verbindlicher Bestandteil des Projektauftrags:

– Die Website erhält eine einfache und klare Navigationsstruktur mit max. vier Ebenen.

– Die Website erfüllt die Anforderungen an das neue Corporate Design der Meier Möbelwerke GmbH.

– Jede Produktlinie wird mit ihrem aktuellen Programm und Informationen zu eingesetzten Rohstoffen und Produktionsverfahren vorgestellt.

– Alle durch die Meier GmbH belieferten Möbelhäuser werden vorgestellt.

– Das Unternehmen wird mit den Verwaltungs- und Produktionsgebäuden in ansprechender Form dargestellt.

– Die umweltorientierte Philosophie des Unternehmens wird anschaulich dargestellt und im Design der Site zum Ausdruck gebracht.

– Die Website enthält einen Online-Shop zur Bestellung aller Produkte durch die autorisierten Möbelhäuser. Im Shop sollen alle Produkte mit Beschreibung, Foto, Maßangaben und Preisen enthalten sein.

– Händler können über den Händler-Log-in AGB, Preise, Konditionen und Sonderangebote einsehen.

– Den Händlern werden online Sonderangebote und News zur Verfügung gestellt.

– Die Site ermöglicht den Händlern einen Download geeigneter PR-Dateien (z. B. Markenlogos in hoher Auflösung).

– Den Händlern werden entsprechende Ansprechpartner mit Foto vorgestellt.

– Endkunden und Direktkunden sollen durch eine Information auf der alten Site auf den anstehenden Relaunch hingewiesen werden.

– Je zwei Mitarbeiter aus den Bereichen Vertrieb und Einkauf/Logistik sollen so weit in das Produkt eingewiesen werden, dass sie selbstständig einfache Aktualisierungen vornehmen können.

– Vor endgültiger Publikation wird die neue Weblösung vom Auftraggeber abgenommen.

– Betreuung und Kontrolle des Systems im Testbetrieb über eine Woche

Abb. 17: Anforderungskatalog (Lastenheft) für das RIPOS-Projekt

Pflichtenheft zum Projekt RIPOS

Entwurf der fertigen Weblösung

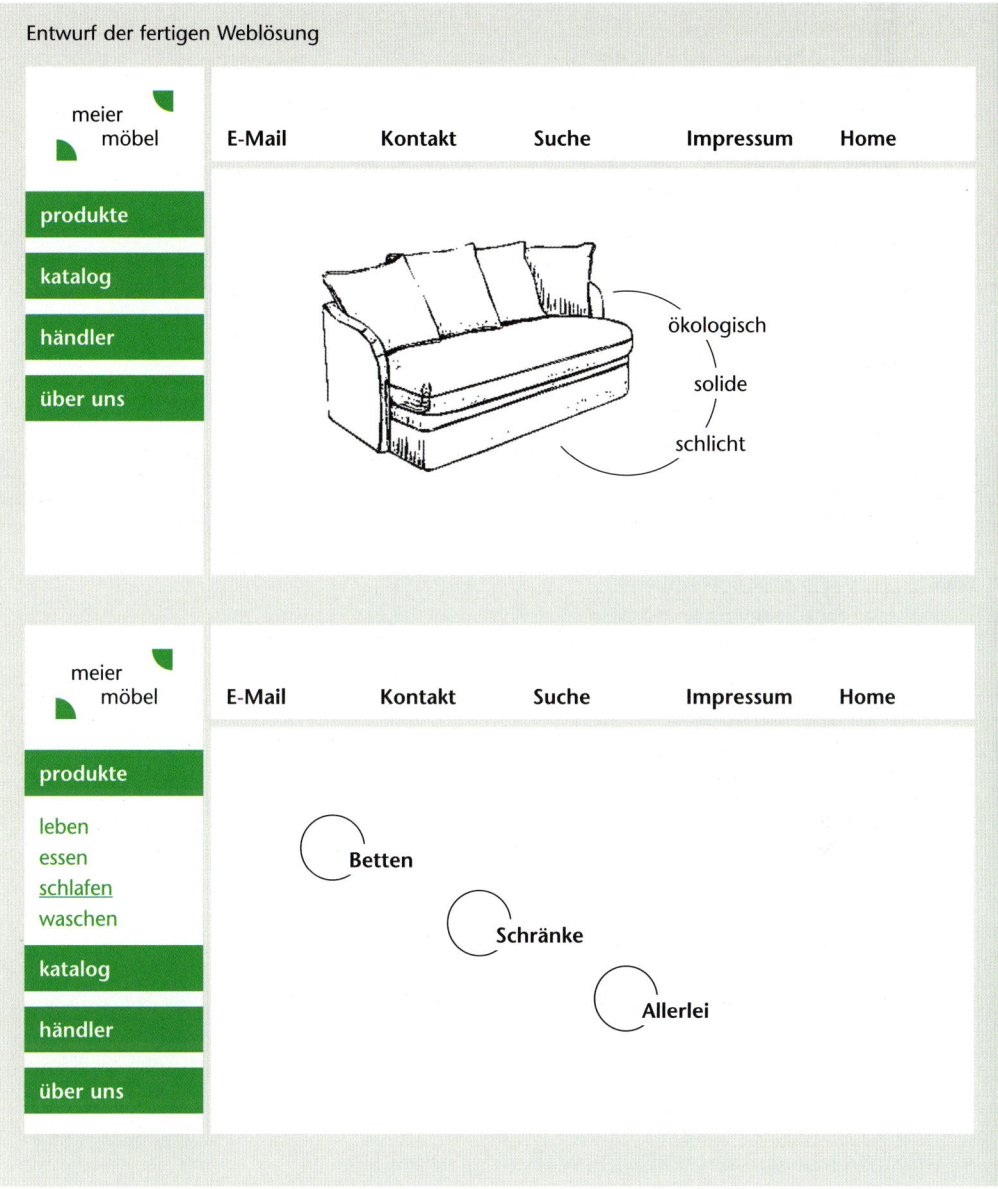

Abb. 18: Pflichtenheft des RIPOS-Projekts (Auszug)

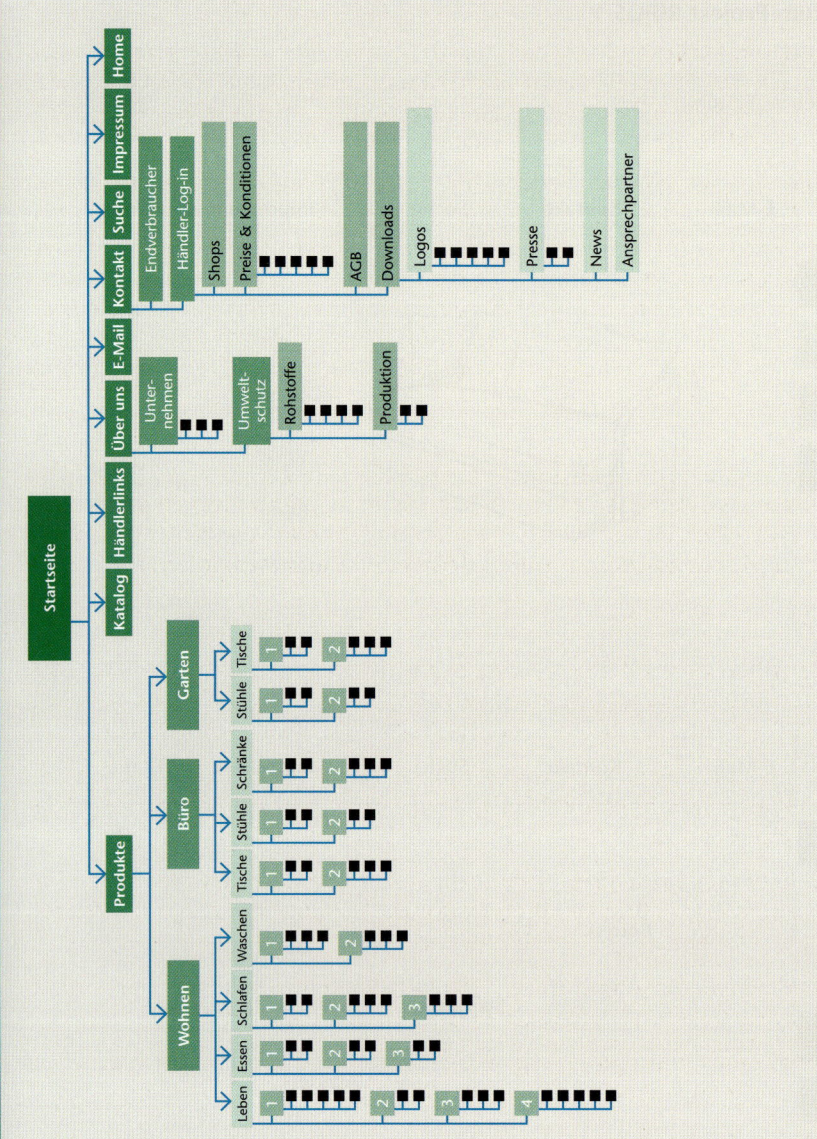

Weitere Leistungen des Auftragnehmers:

- Umfangreiche Offline- und Online-Tests der neuen Site.

- Publikation der neuen Website unter der bisherigen Domain auf dem Server der Net-communication AG.

- Die Mitarbeiter der Meier Möbelwerke GmbH werden in Aktualisierung und Pflege der Site eingewiesen.

- Betreuung und Fehlerkorrektur im Rahmen eines einwöchigen Testbetriebs

Abb. 19: Pflichtenheft des RIPOS-Projekts (Auszug)

Projektorganisation

Als **Projektrahmenorganisation** bietet sich für RIPOS die reine Projektorganisation an, da sich das Team aus drei IT-Mitarbeitern, einem Mitarbeiter aus dem Bereich Marketing und Vertretern eines externen Beratungsunternehmens bildet, die als selbstständige Einheit unter der **Projektleitung** von Herrn Bertram arbeiten sollen.

Zur **Infrastruktur** wird mit der Geschäftsführung vereinbart: Alle erforderlichen Räumlichkeiten mit Arbeitsplätzen sowie die nötigen Betriebsmittel (Computer, Drucker, Scanner, digitale Kamera, Internetanschluss, Software) stehen in der Abteilung IT-Systeme zur Verfügung. Als **Projektinfosystem** wird das unternehmenseigene Intranet genutzt. Darin wird eine projekteigene Verzeichnisstruktur („definition", „planung", „realisierung", „abschluss") im Gesamtverzeichnis „ripos" eingerichtet. Sämtliche Dateien rund um das Projekt werden hier systematisch und für das ganze Team zugänglich hinterlegt.

Alle Vereinbarungen sowie Besprechungsergebnisse werden schriftlich fixiert. Die schriftliche Kommunikation erfolgt per E-Mail, der Projektleiter wird stets in Kopie informiert. Ausgedruckte Dokumente werden in einem für alle Teammitglieder verfügbaren Aktenordner im Büro von Herrn Bertram aufbewahrt. Jedes Teammitglied ist verpflichtet, täglich die Zeitplanung des Projekts einzusehen, um über relevante Veränderungen informiert zu sein.

Kick-Off-Meeting

Das Projektteam trifft sich mit dem Projektleiter zur ersten gemeinsamen Sitzung nach der Erteilung des Projektauftrags, dem internen „Kick-Off-Meeting". Folgende Tagesordnungspunkte (TOPs) werden nach Ernennung eines Protokollanten abgehandelt:

- **Austeilung Projektauftrag an alle Teammitglieder:** Jedes Teammitglied soll den Projektauftrag mit allen Projektzielen im Detail kennen und erhält daher eine Kopie des vollständigen Projektauftrags.

- **Information über alle Rahmenbedingungen:** Der Projektleiter, Herr Bertram, informiert alle Teammitglieder über die Projektorganisation und teilt die grobe Zeitplanung aus (die Detailplanung liegt noch nicht vor).

- **Kennenlernen und Erwartungshaltung:** Die Projektmitglieder stellen sich vor, teilen ihre Erfahrungen mit und äußern ihre Erwartungen an das Projekt.

- **Aufgabenverteilung:** Eine grobe Aufgabenverteilung und die Vorgehensweise im Rahmen der anstehenden Projektplanung werden abgestimmt.

- **Regeln für das Projektteam:**
  - Sämtliche aktuellen Kontaktdaten (Festnetz, Mobil und E-Mail-Adresse) von jedem Teammitglied werden im Infosystem hinterlegt.

  - Es gelten die Regeln des Projektinformationssystems (siehe Projektorganisation).

  - Abwesenheiten vom Arbeitsplatz (externe Termine usw.) werden für das gesamte Team einsehbar und mindestens einen Tag zuvor angekündigt.

  - Im Krankheitsfalle ist das Team unverzüglich zu informieren.

  - Alle Probleme, welche die termingerechte Fertigstellung von Arbeitspaketen gefährden, werden dem Projektleiter unverzüglich mitgeteilt.

Damit sind die Voraussetzungen für die ausführlichen Planungsarbeiten geschaffen, welche Gegenstand der nächsten Projektphase „Projektplanung" sind.

1.3   Praxistipps für die Projektleitung

Tipp Nr. 1:   Den Kunden im eigenen Interesse gut beraten

In IT-Projekten besteht das erhöhte Risiko, dass der Auftraggeber unklare oder vom Auftragnehmer abweichende Vorstellungen vom Produkt hat. Je später diese Abweichungen zutage treten, desto dramatischer gestaltet sich der Konflikt zwischen beiden Parteien. Im eigenen Interesse sollte daher der Auftragnehmer in seiner Eigenschaft als Fachmann den Kunden gut beraten, denn er kann häufig besser einschätzen, ob der Kunde unrealistische Vorstellungen vom Produkt haben könnte. Die Beratungsqualität wird durch erfahrungsbasierte Checklisten unterstützt.

Tipp Nr. 2: Vorhandene IT-Infrastruktur beim Kunden prüfen

Häufig geht der Kunde irrtümlich von technischen Voraussetzungen in seinem Betrieb aus, die gar nicht gegeben sind. Nicht selten sind Features in der IT-Dokumentation aufgeführt, die gar nicht der betrieblichen Realität entsprechen (z. B. Leistungsmerkmale von Hardwarekomponenten). Um sicher zu sein, dass die angegebenen Voraussetzungen tatsächlich gegeben sind, sollten diese vor Ort selbst in Augenschein genommen werden.

Tipp Nr. 3: Keinen Auftrag voreilig annehmen

Insbesondere in IT-Projekten kann der Kunde häufig nicht einschätzen, was technisch möglich ist und was nicht. Einige Kunden sind überrascht, was alles möglich ist, andere haben völlig überzogene Vorstellungen. Deshalb sollte der Auftragnehmer die Kundenwünsche zunächst nur erfassen und anschließend im Betrieb mit kompetenten Mitarbeitern die technische Machbarkeit prüfen. Dabei sollte er auch die rechtliche Zulässigkeit (z. B. Mängel hinsichtlich Nutzungsrechten usw.) prüfen. Dann erst sollte der Auftrag angenommen werden.

Tipp Nr. 4: Kundenanforderungen in den Vertrag mit aufnehmen

Um das Risiko späterer Konflikte durch Missverständnisse zwischen Auftragnehmer und Auftraggeber zu minimieren, sollte der Auftragnehmer neben der Beschreibung seiner Leistungen sämtliche Kundenanforderungen im eigenen Interesse in den Vertrag mit aufnehmen. So bleiben die Kundenanforderungen Maßstab der Entwicklung, nicht die Beschreibung von Leistungen.

Tipp Nr. 5: Technologische Ideologien zum Zeitpunkt der Zielfindung zurückstellen

Aufgrund ihrer praktischen Erfahrung zeigen viele IT-Fachleute die Tendenz, bereits zum Zeitpunkt der Erstellung des Lastenheftes bzw. der Formulierung der Ziele und Anforderungen bestimmte Technologien (z. B. Betriebssysteme, Programmiersprachen usw.) festlegen zu wollen. Damit aber werden für die spätere Realisierung viele Wege verbaut.

Tipp Nr. 6: Frühzeitig eine Testcheckliste erstellen

Mithilfe der Anforderungsliste sollte bereits zu Projektbeginn die Testcheckliste (z. B. „Der Kunde muss mit einem Mausklick die Statistik öffnen können …" usw.) erstellt werden; dabei sind nach und nach alle Anforderungen abzuhaken. Die Testcheckliste sollte unbedingt vor der Produktentwicklung fertiggestellt sein, damit auch wirklich die

Erfüllung der Anforderungen getestet werden kann und nicht eine Bestätigung der tatsächlich gelieferten Produktmerkmale erfolgt.

Tipp Nr. 7: Nicht unbedingt Fachexperten als Projektleiter einsetzen

Viele IT-Fachexperten lösen lieber fachliche Probleme, als sich mit organisatorischen oder menschlichen Problemen zu beschäftigen. Die Projektleitung hat aber nicht die Aufgabe, sich zur Bearbeitung technischer Probleme zurückzuziehen, sondern sie sollte vielmehr das große Ganze im Blick behalten, Ergebnisse einfordern, Konflikte austragen, sich Kritik anhören usw.

1.4   Übungsaufgaben

1. *Entwickeln einer E-Learning-CD – Teil 1: Die Medienagentur „Health-Learn GmbH" aus Köln entwickelt digitale E-Learning-Lösungen zu Themen aus dem Gesundheitswesen in Form von E-Learning-CDs sowie Onlineschulungen. Auftraggeber des Unternehmens sind vorrangig Kliniken, Pharmaunternehmen und Krankenkassen. Zielgruppen für die E-Learning-Produkte sind überwiegend Ärzte (Fortbildungen), Pharmareferenten (Produktschulungen) und Patienten (Patienteninformationen).*

    Für eine deutsche Krankenkasse soll nun eine neuartige Lern-CD zum Thema „Übergewicht" entwickelt werden. Zielgruppe für dieses Produkt sind Jugendliche im Alter von 12 bis 18 Jahren. Hintergrund ist eine dramatische Zunahme des Anteils übergewichtiger Jugendlicher in Deutschland.

    a)   *Helfen Sie der Krankenkasse beim Erstellen ihres Lastenheftes. Formulieren Sie dazu die Ihrer Meinung nach wichtigsten Ziele und Anforderungen an das Produkt.*

    b)   *Erstellen Sie nun für den Auftragnehmer (Health-Learn GmbH) einen Grobentwurf des Produkts ...*
    ba)   *in Form einer Struktur (inhaltlicher Aufbau) der E-Learning-CD,*
    bb)   *in Form von Skizzen (Design) der Bildschirmansichten auf der CD.*

2. *Erläutern Sie Vor- und Nachteile der drei Rahmenorganisationsformen von Projekten.*

3. *Unterrichtsprojekt „EDV-Raum-Einrichtung" – Teil 1: In Ihrer Schule soll ein weiterer Klassenraum zu einem EDV-Raum umfunktioniert werden. Die Schulleitung hat sich entschieden, die Einrichtung und Vernetzung dieses Klassenraums als Projekt von Ihrer Klasse von Anfang an planen und durchführen zu lassen (einschließlich Einkauf).*

    a)   *Analysieren Sie die Probleme, die zu diesem Projekt geführt haben könnten, indem Sie detaillierte Fragen rund um das Problem und seine Ursachen stellen.*

    b)   *Formulieren Sie zweckmäßige Projektziele. Beachten Sie dabei die Checkliste zur Zielformulierung und die Ergebnisse der vorangegangenen Problemanalyse.*

    c)   *Klären Sie alle Auftragsbedingungen, die für Ihre Arbeit von Bedeutung sein könnten.*

    d)   *Erstellen Sie nun Projektauftrag und Lastenheft.*

2 Phase „Projektplanung"

Ein Mensch ohne Plan ist wie ein Schiff ohne Steuer.
Emil Oesch

Der Bremer Systemdienstleister „INTEGRA" wird von einem großen Handelsbetrieb beauftragt, ein neues, hausinternes EDV-System aufzubauen und zu vernetzen. Ein Konzept und der zugehörige Projektauftrag werden sorgfältig entwickelt, sodass das Projektteam des Auftragnehmers mit der Planung der eigenen Arbeit beginnen kann. Aus Zeitgründen werden die Planungsarbeiten bewusst kurz gehalten, um keine Zeit zu verlieren.

Schon bald jedoch kommt es zu Problemen. Die Kabelverlegung muss immer wieder unterbrochen werden, da erforderliche Vorarbeiten gar nicht fertig sind, weil wiederum kein Gebäudeplan organisiert worden sei. Einige Mitarbeiter müssen daher unnötig lange auf ihren Einsatz warten und unverrichteter Dinge in den Betrieb zurückkehren. Dadurch verzögern sich auch alle anderen Arbeiten. Die Einrichtung des zentralen Servers kann dann nicht wie vorgesehen erfolgen, da der zuständige Mann soeben seinen Urlaub genommen hat. Bald wird festgestellt, dass niemand an den Einkauf bestimmter erforderlicher Software gedacht hatte, eine kurzfristige Beschaffung ist leider nicht möglich. Nach der Hälfte des Projekts muss der Projektleiter erfahren, dass sein Projektbudget fast aufgebraucht ist. Schließlich wird das Projekt mit erheblicher Verspätung fertiggestellt. Enttäuscht stellt der Auftraggeber fest, dass in vielerlei Hinsicht nicht die erwartete Qualität geliefert wurde.

Tatsächlich kommt es in der Praxis immer wieder vor, dass unzureichend geplante Projekte nicht rechtzeitig fertig werden, den Kostenrahmen weit übersteigen und überdies ein qualitativ unbefriedigendes Projektergebnis hervorbringen. Häufig werden Projekte aus diesen Gründen auf halbem Wege abgebrochen und führen bei den Projektmitarbeitern zu Frustrationen aufgrund ihres unergiebigen Arbeitseinsatzes und des erlebten Misserfolgs. Dieses Problem lässt sich auf alle Arten von Projekten übertragen.

Unter Planung versteht man grundsätzlich die geistige Vorwegnahme zukünftigen Handelns. Das Planungsverständnis des Projektmanagements geht jedoch darüber hinaus, indem es den Planungsprozess in standardisierte Teilschritte zerlegt und bestimmten Spielregeln unterwirft. Diese Methode wird im folgenden Abschnitt vorgestellt.

 Ohne eine zielorientierte, systematische und detaillierte Planung haben Projekte nur eine geringe Erfolgschance.

2.1   Aufgaben des Projektmanagements

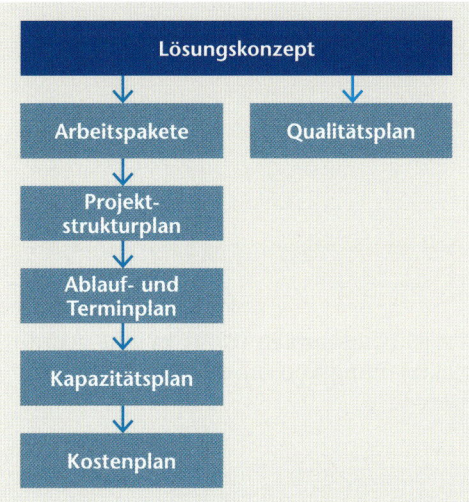

Im Projektmanagement wird die Planung in sechs systematisch aufeinander aufbauenden Schritten vollzogen.

Dabei ist die Planung am Ende der Planungsphase nicht endgültig abgeschlossen, sondern zieht sich als dynamischer Prozess durch das gesamte Projekt. Denn veränderte Bedingungen im Projekt, neue Erkenntnisse, der im Laufe des Projekts immer bessere Informationsstand oder einfach Abweichungen von den Plandaten erfordern eine ständige Anpassung der existierenden Planung. Spezielle Software-Tools zur Projektplanung unterstützen dabei sowohl die eigentliche Projektplanung als auch die spätere Steuerung und Kontrolle des Projektverlaufs in der Phase der Projektdurchführung.

Abb. 20: Planungsschritte im Projektmanagement

2.1.1   Identifizieren der Arbeitspakete

Zunächst werden alle erforderlichen Aktivitäten ggf. mithilfe von Experten zur Erstellung des Projektergebnisses in einer Aktivitätenliste gesammelt und anschließend zu sogenannten „Arbeitspaketen" zusammengefasst. Diese zerlegen das Projekt in handhabbare Portionen und können als „Projekt im Projekt" verstanden werden. Arbeitspakete sind gemäß DIN 69901-5 das kleinste Element des Projektstrukturplans. Die Zerlegung eines Projekts in zweckmäßige Arbeitspakete ist für den Projekterfolg von höchster Wichtigkeit, deswegen gilt für die Arbeitspaketentwicklung ein Regelkatalog:

Checkliste: Regeln für Arbeitspaketentwicklung

✓ Für jedes Arbeitspaket wird eine ausführliche Arbeitspaketbeschreibung auf dem Formblatt (siehe Formblatt im Anhang) erstellt.

✓ Für jedes Arbeitspaket gibt es einen Verantwortlichen.

✓ Jedes Arbeitspaket ist
  – in sich abgeschlossen,
  – in sich steuer- und kontrollierbar,
  – in Art und Umfang übersichtlich (nicht zu groß und nicht zu klein).

✓ Das Ergebnis des Arbeitspakets ist präzise beschrieben und von den Ergebnissen anderer Arbeitspakete klar abgrenzbar.

✓ Jede Tätigkeit im Projekt kann genau einem Arbeitspaket zugeordnet werden.

✓ Extern vergebene Aufgaben sind als Arbeitspakete zu definieren.

✓ Jedes Arbeitspaket erhält eine aussagefähige Arbeitspaketbezeichnung.

Beispiel zur Identifizierung von Arbeitspaketen

Für das Projekt „IT-Installation für ein mittelständisches Unternehmen" werden unter anderem folgende Arbeitspakete identifiziert:

- Arbeitsplatzbedarf ermitteln
- Netzwerkplan entwerfen
- Peripheriebedarf ermitteln
- Hardware beschaffen
- Software beschaffen
- usw.

Diese Arbeitspakete werden im sogenannten „Projektstrukturplan (PSP)" in eine geordnete Übersicht gebracht. Dieser ist für die Projektplanung von erheblicher Bedeutung und soll im Folgenden ausführlich vorgestellt werden.

2.1.2   Erstellen des Projektstrukturplans

Der Projektstrukturplan (PSP) als Baumdiagramm hat die Aufgabe, komplexe Projektstrukturen übersichtlich und hierarchisch geordnet darzustellen. Auf einen Blick lassen sich alle Arbeitspakete des Projekts erfassen und einordnen, was die Kommunikation im Projektteam erheblich erleichtert.

Dazu werden alle ermittelten Arbeitspakete zweckmäßigen Oberbegriffen zugeordnet und in grafischer Form dargestellt. Für das Beispielprojekt „IT-Installation" kann sich der Projektstrukturplan (Abb. 21) ergeben.

Auf der obersten Ebene des Projektstrukturplans steht der Projektname. Die zweite Ebene gibt die Oberbegriffe an, die zugleich Teilprojekte darstellen können. In der dritten Ebene finden sich dann die den Oberbegriffen zugeordneten einzelnen Arbeitspakete. Für die Codierung wird gewöhnlich das dekadische System genutzt.

Im Projektstrukturplan sind grundsätzlich zwei Gliederungsprinzipien möglich:

- **Objektorientierte Gliederung:** Hier stellen die Arbeitspakete und deren Oberbegriffe konkrete Gegenstände bzw. Arbeitsergebnisse dar. Die objektorientierte Gliederung findet man häufig bei Projekten im Anlagenbau.

- **Funktionsorientierte Gliederung:** Hier werden die Arbeitspakete und Oberbegriffe als Aufgabe bzw. Maßnahme benannt. Dieses Prinzip bietet sich immer dann an, wenn es sich um abstrakte Projekte handelt, deren Teilergebnisse schwer vorstellbar sind bzw. keine materiellen Gegenstände darstellen (z. B. Entwicklung eines Warenwirtschaftssystems).

Anhand der Abbildungen 21 und 22 kann man sehen, wie ein Projektstrukturplan wahlweise objekt- oder funktionsorientiert aufgebaut werden kann.

In der Praxis findet man häufig eine Mischung beider Gliederungsprinzipien, d. h., einige Teilprojekte sind objektorientiert und andere funktionsorientiert innerhalb eines Plans dargestellt.

IT-Installation
Arbeitsplatz PC
PC-Hardware
Betriebssystem
Office-Software
Sonstige Software
Server
Server-Hardware
Server-Software
Server-Schrank
System-dokumentation
Netzwerk
Netzwerkplan
Kabel
Koppelelemente
Schaltschrank
Peripherie
Drucker
Scanner
Backup

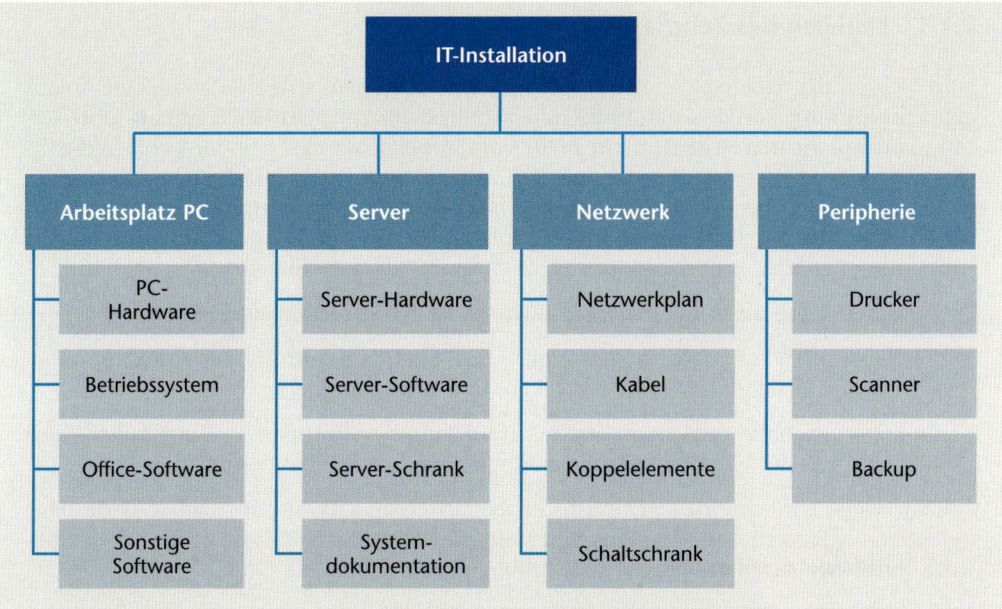

Abb. 21: Objektorientierter Projektstrukturplan für das Beispielprojekt „IT-Installation"

IT-Installation
Konzeption
Infrastrukturbedarf ermitteln
Arbeitsplatzbedarf ermitteln
Netzwerkplan entwerfen
Peripheriebedarf ermitteln
Beschaffung
HW PC + Server beschaffen
Software beschaffen
NW-Zubehör beschaffen
Peripherie beschaffen
Aufbau
Hardware PC + Server verbinden
Server installieren
Netzwerk aufbauen
PC-Remote installieren
Peripherie anschließen
PC-Image anlegen
Dokumentation
Netzwerkplan erstellen
Server-Image anlegen
Gesamt-Doku erstellen

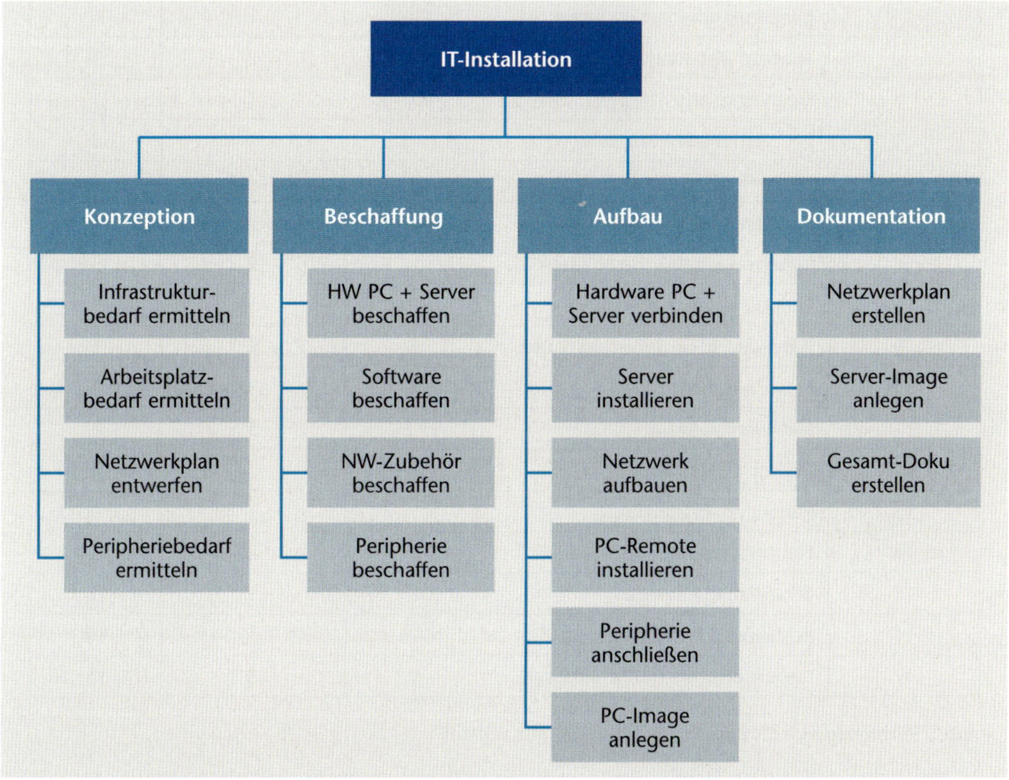

Abb. 22: Funktionsorientierter Projektstrukturplan für das Beispielprojekt „IT-Installation"

2.1.3   Erstellen des Zeitplans

Nun werden die Arbeitspakete aus dem Projektstrukturplan in einen zeitlichen Ablauf gebracht und mit konkreten Terminen versehen. Beim Zeitplan (auch Ablauf- und Terminplan) spricht man jedoch nicht mehr von „Arbeitspaketen", sondern von „Vorgängen". Diese können zwar identisch mit den Arbeitspaketen aus dem Projektstrukturplan sein, häufig ist es aber nötig, Arbeitspakete in Vorgänge zu zerlegen, die zu unterschiedlichen Zeitpunkten statt finden. Der Zeitplan kann in Form eines Balkendiagramms (Abbildung 24) oder eines Netzplans (Abbildung 26) dargestellt werden.

Zu diesem Zweck sind in einer Vorgangsliste (Abb. 23) für jeden Vorgang ...

- die Dauer aller Vorgänger zu schätzen – das geschieht mithilfe der Arbeitspaketbeschreibungen (siehe Abschnitt B/2.1.1, Formular im Anhang) – und
- die logischen Abhängigkeiten (auch „Anordnungsbeziehungen") zu ermitteln – also die Frage, welche Vorgänge Voraussetzung für andere Vorgänge sind.

Üblicherweise wird so eine Vorgangsliste tabellarisch erstellt. Sie ist zugleich Grundlage des Balken- wie auch des Netzplans und stellt die verbindliche Grundlage für die Erstellung sämtlicher Zeitpläne dar.

Vorgangsliste			
Vorgang Nr.	Vorgangsname	Dauer (Tage)	Vorgänger
1	Infrastrukturbedarf ermitteln	1	–
2	Arbeitsplatzbedarf ermitteln	2	1
3	Netzwerkplan entwerfen	1	1
4	Peripheriebedarf ermitteln	1	3
5	Hardware PC + Server beschaffen	4	2
6	Software beschaffen	2	5
7	Netzwerkzubehör beschaffen	2	3; 5
8	Peripherie beschaffen	1	3
9	Hardware PC + Server aufbauen	6	5
10	Server installieren	3	9
11	Netzwerk aufbauen	5	7
12	PC-Image anlegen	1	6; 10; 11
13	Peripherie anschließen	1	8; 10; 11
14	Netzwerkplan dokumentieren	2	13
15	Server-Image anlegen	1	10
16	PC-Remote installieren	1	12
17	Gesamtdokumentation erstellen	3	14; 15; 16

Abb. 23: Vorgangsliste für das Beispielprojekt „IT-Installation"

Mithilfe dieser Vorgangsliste können nun ein Balkendiagramm und ein Netzplan erstellt werden.

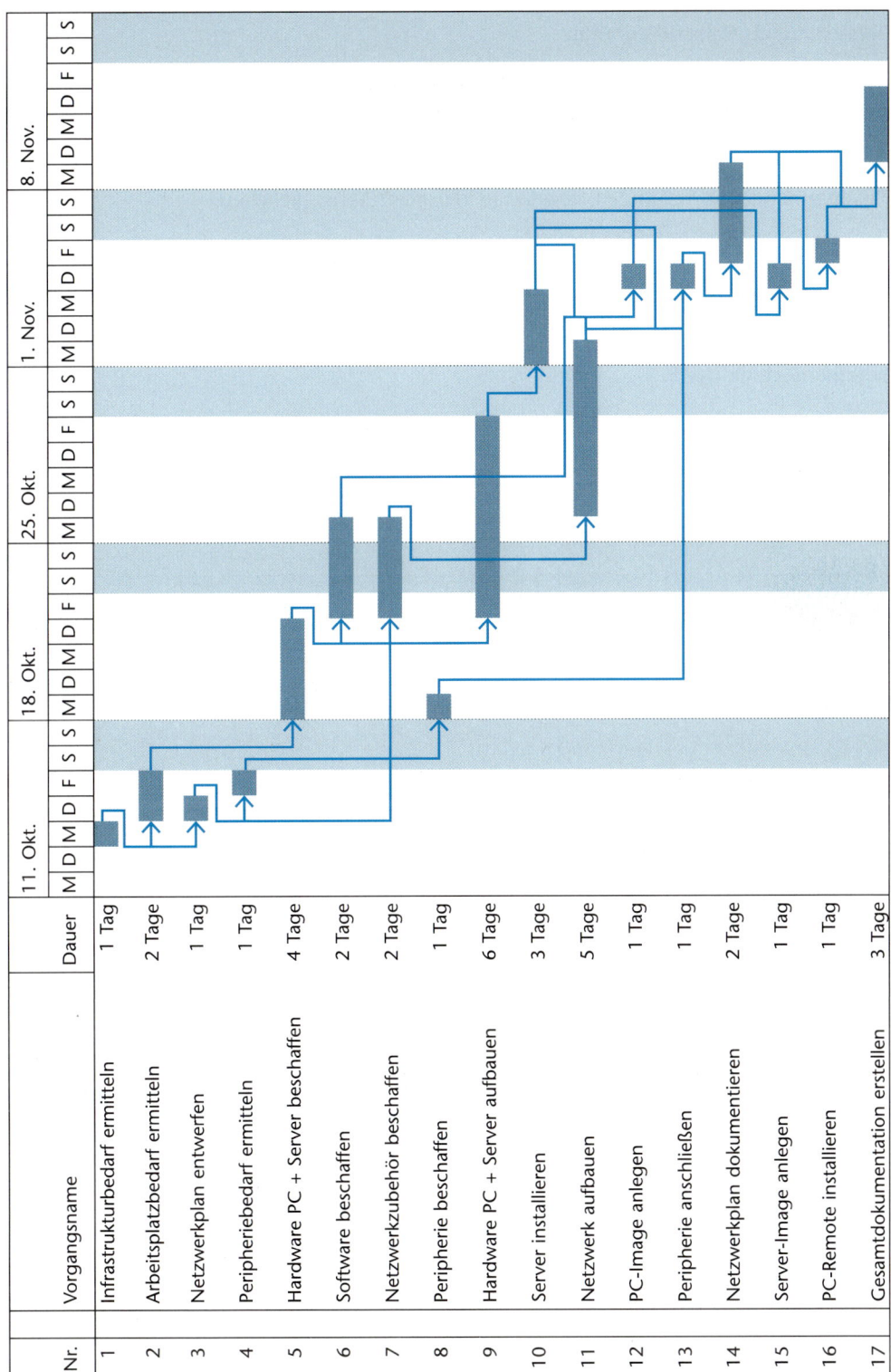

Nr.	Vorgangsname	Dauer
1	Infrastrukturbedarf ermitteln	1 Tag
2	Arbeitsplatzbedarf ermitteln	2 Tage
3	Netzwerkplan entwerfen	1 Tag
4	Peripheriebedarf ermitteln	1 Tag
5	Hardware PC + Server beschaffen	4 Tage
6	Software beschaffen	2 Tage
7	Netzwerkzubehör beschaffen	2 Tage
8	Peripherie beschaffen	1 Tag
9	Hardware PC + Server aufbauen	6 Tage
10	Server installieren	3 Tage
11	Netzwerk aufbauen	5 Tage
12	PC-Image anlegen	1 Tag
13	Peripherie anschließen	1 Tag
14	Netzwerkplan dokumentieren	2 Tage
15	Server-Image anlegen	1 Tag
16	PC-Remote installieren	1 Tag
17	Gesamtdokumentation erstellen	3 Tage

Abb. 24: Balkendiagramm für das Beispielprojekt „IT-Installation"

Darstellung als Balkendiagramm

Im Balkendiagramm werden an der senkrechten Achse die einzelnen Vorgänge untereinander eingetragen, die horizontale Achse ist die Zeitachse. In diesem Plan werden auch die Termine der Meilensteine erfasst.

Die Länge der Balken drückt die Dauer der einzelnen Vorgänge aus, die Pfeile, die die Balken miteinander verbinden, zeigen die logischen Abhängigkeiten.

Liegt zwischen zwei miteinander verbundenen Vorgängen ein freier Zeitraum, so kann dieser als Puffer genutzt werden. Ein **Puffer** ist der Zeitraum, um den sich ein Vorgang verschieben bzw. verzögern darf, ohne dass der geplante Anfangstermin der nachfolgenden Vorgänge beeinflusst bzw. das Gesamtprojekt verzögert wird.

Netzplantechnik (NPT)[1]

Mithilfe der Netzplantechnik können auch komplexe Projekte mit einer umfangreichen Zahl von Vorgängen geplant, gesteuert und überwacht werden, für die das Balkendiagramm keine ausreichende Übersicht mehr bietet.

Jeder Vorgang wird im Netzplan durch einen Vorgangsknoten dargestellt, für den folgende Gestaltungsregeln vereinbart werden:

FAZ		FEZ
Vorgangsnummer	Vorgangsbezeichnung	
D	GP	FP
SAZ		SEZ

Abb. 25: Vorgangsknoten aus dem Netzplan

Die Abkürzungen bedeuten:
D = Dauer; SEZ = spätester Endzeitpunkt; FAZ = frühester Anfangszeitpunkt; GP = Gesamtpuffer; FEZ = frühester Endzeitpunkt; FP = freier Puffer; SAZ = spätester Anfangszeitpunkt

Verbindungspfeile zwischen den Vorgangsknoten drücken hierbei die logischen Abhängigkeiten zwischen den einzelnen Vorgängen aus. Der **Gesamtpuffer** ist gemäß DIN 69900 die Zeitspanne zwischen frühester und spätester Lage eines Vorgangs. Der **freie Puffer** ist gemäß DIN 69900 die Zeitspanne, um die ein Vorgang gegenüber seiner frühesten Lage verschoben werden kann, ohne die früheste Lage anderer Vorgänge zu beeinflussen. Er wird dem letzten Vorgang in einer Kette von Vorgängen zugeordnet, die einen gemeinsamen Gesamtpuffer aufweisen. Bei termingerechtem Verlauf aller Vorgänger muss für die Dauer des freien Puffers gewartet werden, bevor der nächste Vorgang beginnen kann. Der freie Puffer verringert sich in dem Maße, wie Vorgänger den Gesamtpuffer beansprucht haben.

Die Anwendung der Netzplantechnik erfolgt in den folgenden Phasen:

Phase 1: Strukturanalyse
In dieser Phase werden alle Arbeitspakete in ihrer logischen Abhängigkeit grafisch abgebildet.

---

[1]   *In Anlehnung an: Wamper, Horst W.: Wirtschaftsinformatik/Organisationslehre, 2. Auflage*

Phase 2: Vorwärtsrechnung

Bei gegebenem Projektanfangstermin werden aufgrund der geplanten Dauer der einzelnen Vorgänge die frühestmöglichen **Anfangs-** und **Endtermine** eingetragen. Hierbei lässt sich gleichzeitig die gesamte Projektdauer bei einer Realisierung des geplanten Verlaufs ermitteln.

Phase 3: Rückwärtsrechnung

Bei der Rückwärtsrechnung wird ermittelt, wann die einzelnen Vorgänge spätestens begonnen und fertiggestellt werden müssen, damit der in der Vorwärtsrechnung ermittelte früheste Endtermin des gesamten Projekts nicht gefährdet wird.

Phase 4: Ermittlung der Zeitreserven und des kritischen Wegs

In dieser letzten Phase der Netzplantechnik wird ermittelt, welche Puffer (**Zeitreserven**) existieren und welche Vorgänge als besonders kritisch gelten. Dies sind die Arbeitspakete, deren Umsetzung keinerlei zeitliche Reserven aufweisen. Ihnen muss in der Projektdurchführung besondere Aufmerksamkeit geschenkt werden, da ihre Verzögerung automatisch den pünktlichen Projektabschluss gefährdet. Die Kette der Vorgänge, die alle keine Puffer aufweisen, wird auch als **kritischer Weg** bezeichnet.

Die Regeln zur Anwendung der Netzplantechnik sind im Folgenden kurz zusammengefasst.

Phase	Regel Nr.	Regel
Struktur-analyse	1	Abhängigkeiten werden durch Pfeile dargestellt. Pfeilrichtung: Von links nach rechts und vorzugsweise von oben nach unten
	2	Ein Vorgang kann mehrere Vorgänger und/oder Nachfolger haben.
	3	Ein Netzplan darf keine Schleifen enthalten (Zeitrechnung wäre dann nicht möglich).
	4	Vom Projektanfang (Startknoten) bis zum Projektende (Zielknoten) muss ein ununterbrochener Ablauf gegeben sein.
Vorwärts-rechnung	5	Der Startvorgang beginnt mit einem FAZ von 0.
	6	FEZ = FAZ + Dauer
	7	FEZ eines Vorgangs ist FAZ aller unmittelbar nachfolgenden Vorgänge.
	8	Münden mehrere Vorgänge in einen Knoten, so ist dessen FAZ der größte FEZ aller Vorgänger.
Rückwärts-rechnung	9	FEZ des Zielknotens ist SEZ des Projekts.
	10	SAZ = SEZ – Dauer
	11	SAZ eines Vorgangs ist SEZ aller unmittelbar vorausgehenden Vorgänge.
	12	Haben mehrere Vorgänge einen gemeinsamen Vorgänger, so ist dessen SEZ der früheste (kleinste) SAZ aller Nachfolger.
	Zur Kontrolle:	Der SAZ des Startknotens muss den Wert 0 aufweisen.
Zeitreser-ven und kritischer Weg	13	GP = SAZ – FAZ oder GP = SEZ – FEZ
	14	$FP_{des\ Vorgangs\ A} = FAZ_{des\ Nachfolgers\ B} - FEZ_{des\ Vorgangs\ A}$
	15	Vorgänge ohne Zeitreserven sind kritische Vorgänge.
	16	Der kritische Weg ist die Kette aller kritischen Vorgänge.

Für das Beispielprojekt „IT-Installation" entsteht folgender Netzplan:

Der kritische Weg wird durch eine rote Linie hervorgehoben.

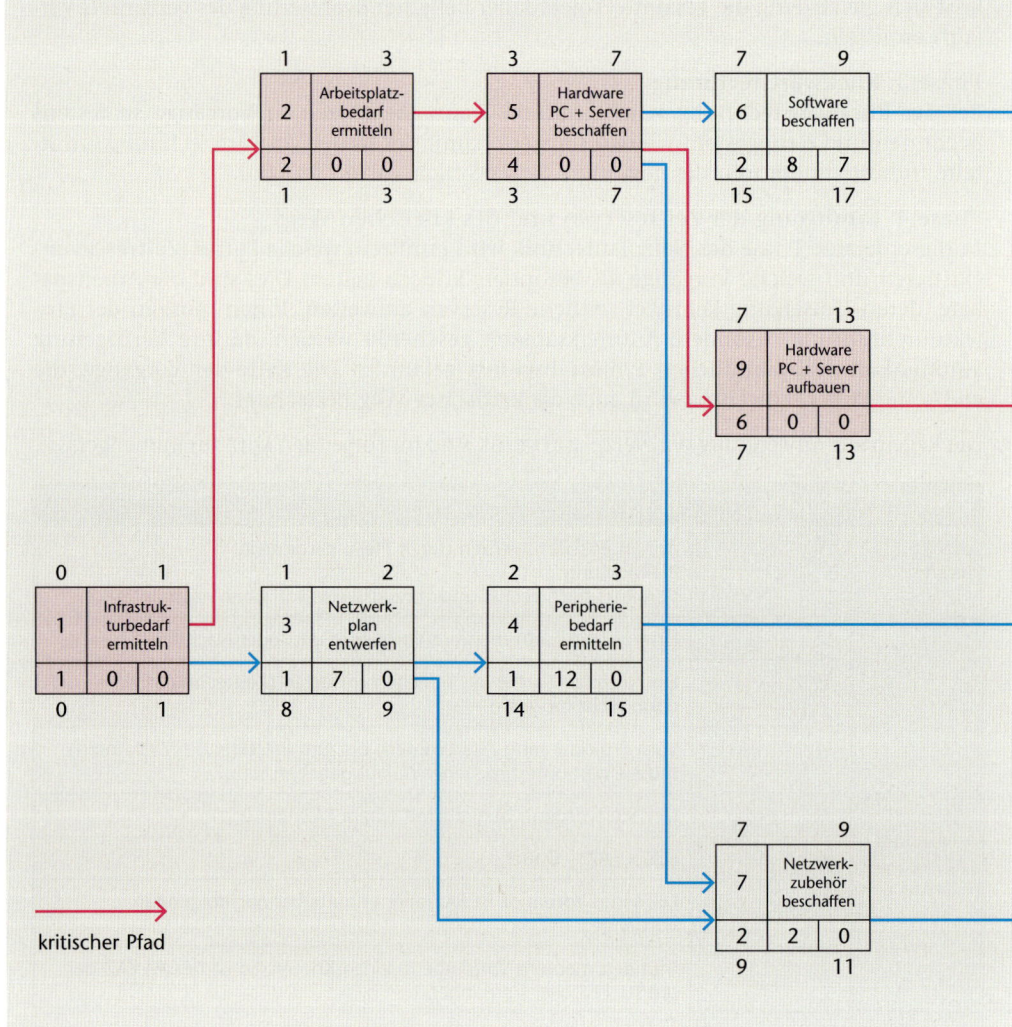

Abb. 26: Netzplan für das Beispielprojekt „IT-Installation"

2.1.4   Erstellen des Kapazitätsplans

Um die in den bisherigen Planungsschritten definierten Vorgänge mit ihren logischen und zeitlichen Abhängigkeiten realisieren zu können, müssen die erforderlichen Ressourcen zur Verfügung gestellt werden. Die **Ressourcen** setzen sich zusammen aus Personen mit bestimmten Qualifikationen (z. B. Programmierer, Netzwerkspezialisten, Projektleiter, Trainer) und aus Sachmitteln (z. B. Personal Computer mit entsprechender Software, Telekommunikationsmittel, Besprechungsräume und Fahrzeuge). Die Kapazi-

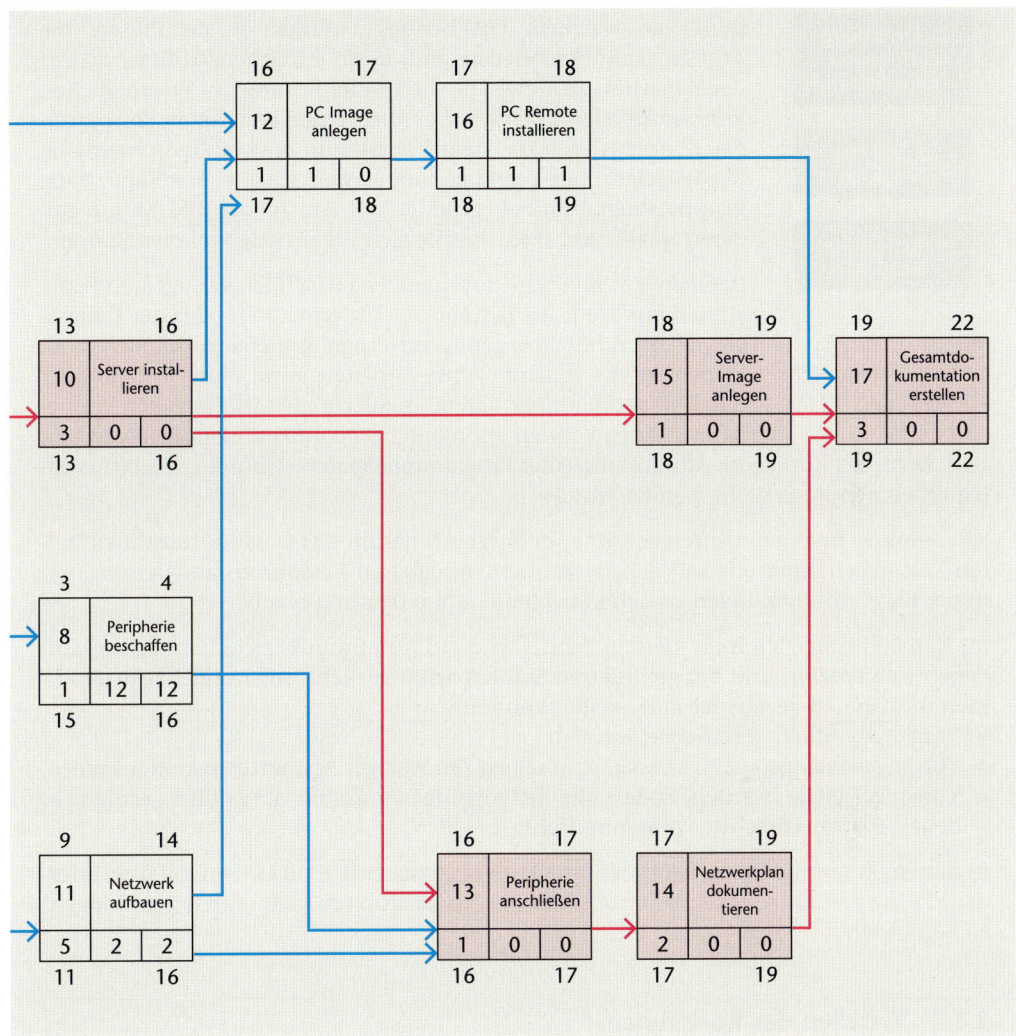

tätsplanung war dann erfolgreich, wenn die erforderlichen Ressourcen in der Projektdurchführung

- in der richtigen Art und Qualität,
- in der richtigen Menge,
- zur richtigen Zeit,
- am richtigen Ort,

bereitstehen.

Abb. 27: Schritte im Rahmen der Kapazitätsplanung

Die Kapazitätsplanung erfolgt in vier Schritten:

In einem ersten Schritt wird mithilfe der vorliegenden Arbeitspakete ermittelt, welche Personen und Sachmittel zu welchem Zeitpunkt an welchem Ort benötigt werden. Je detaillierter die Arbeitspakete beschrieben sind, desto einfacher ist dieser Schritt der Kapazitätsplanung. Die Zusammenfassung der erforderlichen Ressourcen aller Arbeitspakete führt zu den benötigten Ressourcen des gesamten Projekts. Häufig werden in diesem Zusammenhang Kapazitätsgruppen gebildet. Zum Beispiel könnte eine **Kapazitätsgruppe** Programmierer gebildet werden, in der alle Mitarbeiter derart qualifiziert sind, dass sie sich gegenseitig vertreten können.

In einem zweiten Schritt werden die tatsächlich verfügbaren Kapazitäten ermittelt. Auch wenn im Unternehmen oder der Projektgruppe grundsätzlich genügend Programmierer vorhanden sind, führen bereits geplante Abwesenheiten, etwa durch Urlaub oder durch Weiterbildungsmaßnahmen, zur Reduzierung der Verfügbarkeit. Auch können erforderliche Qualifikationen nicht gegeben sein, wenn der Kunde die Anwendung einer Programmiersprache wünscht, die bisher im Unternehmen noch nicht genutzt wurde.

So kommt es in einem dritten Schritt zum Vergleich der für das Gesamtprojekt benötigten Ressourcen einerseits mit den tatsächlich verfügbaren Ressourcen andererseits, der in der Regel Abweichungen zwischen beiden Größen deutlich macht.

Im **Kapazitätsausgleich** als viertem Schritt wird ein Kompromiss zwischen der vorhandenen Ist-Kapazität und der geforderten Soll-Kapazität gesucht. Als Ausgleichsmaßnahmen im Rahmen gegebener Pufferzeiten können
● Vorgänge zeitlich verschoben werden,
● Vorgänge verlängert werden, sodass zur selben Zeit weniger Ressourcen benötigt werden,
● Vorgänge geteilt werden, sodass die Teilvorgänge in Zeiten ausgeführt werden, in denen die Kapazität zur Verfügung steht.

In diesem Zusammenhang kann der Projektleiter entscheiden, ob es sinnvoll bzw. erforderlich ist, den Projektmitarbeitern fehlende Qualifikationen (z. B. durch Schulungen) zu vermitteln.

2.1.5   Erstellen des Kostenplans

Mit der Planung der Projektkosten werden drei Ziele verfolgt:

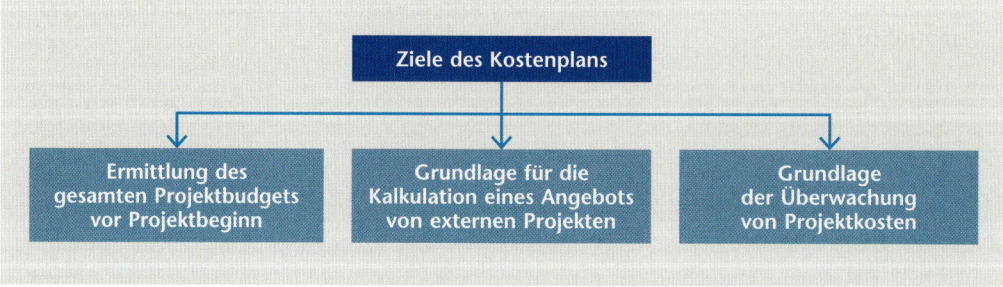

Die Projektkosten müssen vor Beginn eines Projektes geschätzt werden, denn jedes Projekt ist einmalig und findet „zum ersten Mal statt". Es werden grundsätzlich drei Verfahren unterschieden:

1. Parametrische Kostenschätzung (Faustformeln):
In jeder Branche lassen sich in der Regel bestimmte „Konstanten" überschlagen, die rasch für alle Arten von Projekten hochgerechnet werden können. So weiß man in der Baubranche beispielsweise, wie viel ein Kubikmeter umgebauten Raumes kostet; in der Raumfahrt ist bekannt, welche Kosten mit der Entsendung eines Kilogramms Metall ins Weltall verbunden sind usw.

2. Analogie-Schätzverfahren[1]:
Oft können Kostenschätzungen unbekannter Vorhaben von Erfahrungen aus ganz anderen Bereichen profitieren: So können z. B. Kosten der Vernietung von Metallplatten aus dem Schiffbau teilweise auf den Brückenbau übertragen werden. Kosten der Erstellung von Messeständen entsprechen häufig Kosten von Ausstellungsprojekten aus Museen usw.

3. Bottom-up-Verfahren[2]:
Diesem Verfahren liegt der Projektstrukturplan mit all seinen Arbeitspaketen zugrunde. Dabei werden die Kosten eines jeden Arbeitspaketes geschätzt und am Ende addiert. Eine besondere Rolle spielt dabei die Anwendung von **Verrechnungssätzen**. Soll etwa ermittelt werden, wie viel die Stunde eines Programmierers kostet, so müssen alle Kostenbestandteile erfasst werden, die mit seiner Arbeit verbunden sind. Das sind neben seinem Gehalt auch die Lohnnebenkosten (z. B. der Arbeitgeberanteil für Sozialversicherungen), sein Büro mit Möbeln und Bürogeräten aller Art (Miete und Abschreibungen), Schulungskosten, Kosten durch Nutzung von Dienstfahrzeugen usw. Sämtliche dieser Kosten werden anteilig auf eine Leistungseinheit (z. B. Stunde) bezogen und in einem Verrechnungssatz zusammengefasst. Es müssen aber auch anteilig die Kosten berücksichtigt werden, die auf den ersten Blick mit der Leistung dieses Mitarbeiters gar nicht in Verbindung stehen, wie z. B. Verwaltungs- oder Vertriebskosten. Für unterschiedliche Arten von Mitarbeitern werden entsprechend der Kosten, die sie verursachen, unterschiedliche Verrechnungssätze ermittelt. Je nachdem, wie viele Stunden die einzelnen Gruppen von Mitarbeitern mit ihren spezifischen Verrechnungssätzen in einem Arbeitspaket tätig sind, lassen sich diese Kosten je Arbeitspaket hochrechnen. Dazu kommen die Kosten für Rohstoffe bzw. Halb- oder Fertigteile, die in das Projektprodukt eingehen (z. B. Hard- und Software).

Während das parametrische und das Analogie-Schätzverfahren hauptsächlich zu Projektbeginn für die Ermittlung des gesamten Projektbudgets eine Rolle spielen, kommt das Bottom-up-Verfahren in allen Projektphasen zum Einsatz. Es ist das bedeutendste Verfahren und liefert außerdem wertvolle Daten für das Kostencontrolling (siehe Abschnitt B/3.1.3.1). Sowohl für Controllingzwecke als auch zur rechtzeitigen Bereitstellung finanzieller Mittel werden die Kosten im Zeitablauf dargestellt:

---

[1] *analog = entsprechend*

[2] *bottom up = von unten nach oben*

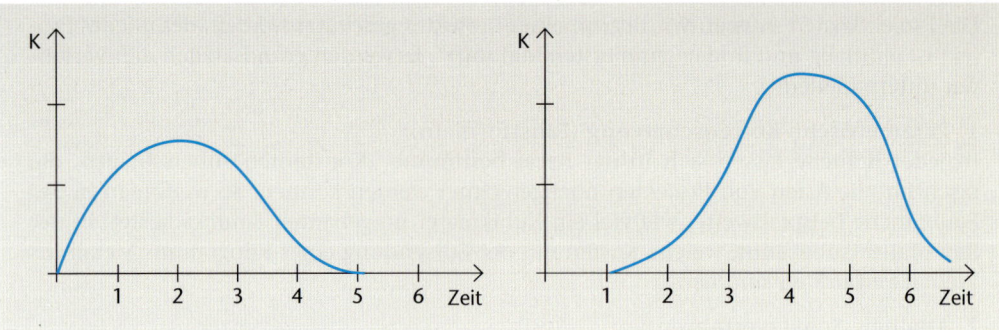

Abb. 28: Kosten der Entwicklung einer Maschine   Abb. 29: Kosten der Konstruktion einer Maschine

2.1.6   Erstellen des Qualitätsplans

 Leitfrage der Qualitätssicherung: Wann macht wer was wie, um die Qualität zu garantieren?

Unter Qualität versteht man im Projektmanagement die Erfüllung vereinbarter Anforderungen an Teilprodukte und an das Endprodukt. Darüber hinaus soll das Projektergebnis den Erwartungen des Auftraggebers genügen. Zu diesem Zweck wird ein Qualitätsplan entwickelt, welcher im Kern folgendermaßen aufgebaut ist:

Formulierung von Qualitätszielen

Qualitätsziele können identisch mit Projektzielen aus dem Lastenheft sein oder daraus abgeleitet werden. Es ist zweckmäßig, die Erwartungen und Anforderungen des Auftragnehmers mit ihm gemeinsam in Qualitätsziele umzusetzen.
Beispielprojekt „Entwicklung einer Website": Geringe Ladezeit.

Benennung der Qualitätskriterien

In einem zweiten Schritt müssen solche Qualitätsziele an konkreten und messbaren Kriterien festgemacht werden. So kann man später überprüfen, ob diese Ziele tatsächlich erreicht wurden.
Beispielprojekt „Entwicklung einer Website": Keine Seite lädt länger als fünf Sekunden bei Einsatz eines DSL-Anschlusses.

Wege zur Qualitätszielerreichung

Nun wird geplant, wann welche Maßnahmen durch wen erfolgen sollen, um diese Ziele zu erreichen.
Beispielprojekt „Entwicklung einer Website": Verzicht auf aufwendige Flash-Animationen.

Qualitätskontrolle

Schließlich wird genau festgelegt, wann wer mit welchen Maßnahmen welche Ergebnisse prüft.
Beispielprojekt „Entwicklung einer Website": Online-Test jeder Site mit Stoppuhr.

Solche Qualitätspläne können durch projektübergreifende und standardisierte Maßnahmen der Qualitätssicherung ergänzt werden. Diese betreffen den gesamten Verfahrensablauf im Betrieb bzw. im Projekt des Auftragnehmers. Hier können beispielsweise Anforderungen an das Verfahren der Auftragsgestaltung oder Projektplanung festgelegt werden. Im Rahmen der ISO 9000 ff. (Normen zur Qualitätssicherung betrieblicher Abläufe) kann sich jeder Betrieb „zertifizieren" lassen. Dieses Zertifikat garantiert zwar noch keine gute Qualität, aber es weist nach, dass der Betrieb die Rahmenbedingungen für gute Qualität geschaffen hat.

2.2   Praxisfall RIPOS-Projekt

Identifizierung der Arbeitspakete

Der Projektleiter Herr Bertram setzt sich mit zwei Mitarbeitern der IT-Abteilung sowie einem Mitarbeiter der Marketingabteilung zusammen und ordnet alle erforderlichen Tätigkeiten in folgende Arbeitspakete ein:

- Die vorgesehenen Inhalte sämtlicher Seiten müssen konkret festgelegt und aufeinander abgestimmt werden. Ggf. sind strukturelle Änderungen erforderlich.

- Das Design sämtlicher Unterseiten muss im Detail festgelegt und abgestimmt werden. Für die Seiten jeder Ebene werden durchgängige Standards (Zeichentyp und Größe, Hintergrundfarben usw.) definiert.

- Nach Präsentation des Detailkonzepts mit dem Auftraggeber (Meilenstein) müssen dessen Änderungswünsche eingearbeitet und erforderliche Korrekturen vorgenommen werden.

- Erforderliche Fotos müssen gemacht bzw. beschafft und sämtliche Fotos bearbeitet werden (Format, Auflösung, usw.).

- Die Designvorgaben des Detailkonzepts sind in entsprechende Grafiken und Buttons umzusetzen.

- Geplante Effekte müssen technisch umgesetzt werden.

- Sämtliche Informationen für die Seiteninhalte sind vollständig zu beschaffen.

- Sämtliche Texte sind vorzustrukturieren und konkret zu formulieren.

- Alle Texte müssen mindestens zweifach gegengelesen werden.

- Die erforderliche Software muss beschafft und installiert werden. Vorbereitungen, die die Arbeit mit der Software voraussetzen, sind zu treffen.

- Parametrisierung: Für den Shop sind sämtliche Grundeinstellungen (Versandarten, Zahlungsverkehr usw.) vorzunehmen.

- Für alle Ebenen der späteren Site bzw. des Shops sind standardisierte Templates (Masken) im Corporate Design zu erstellen bzw. zu programmieren.

- Alle Produktgruppen und Kundengruppen müssen eingerichtet und zugehörige Daten (alle Produkte und Zahlungsbedingungen) eingegeben werden.

- Ausstehende Unterseiten müssen (ggf. erstellt und) eingebunden werden.

- Die fertige Website mit Shop wird einem umfassenden Funktionstest (offline) unterzogen.

- Die Mitarbeiter aus Vertrieb und Einkauf/Logistik werden in die Pflege von Website und Shop eingewiesen. Entsprechende Schulungsunterlagen sind zu erstellen.

- Geeignete Provider werden in ihren Dienstleistungen verglichen: Klärung der Service-packs (erwarteter Traffic, Fehlerbehebung, erwartete Ausfallzeiten bzw. Verfügbarkeiten usw.), technische Risiken sind abzuklären und alle Zugangsdaten zu beschaffen.

- Die vollständige Site mit Shop muss hochgeladen und anschließend online getestet werden.

- Eine Abnahmeveranstaltung mit dem Auftraggeber muss vorbereitet und durchgeführt werden. Im Rahmen der Abnahme werden Mängel in einem Abnahmeprotokoll dokumentiert und behoben.

- Go Live: Alle Maßnahmen, die nötig sind, die Seite produktiv zu setzen (letzte Datenaktualisierungen, Freischalten der Site unter der Domain usw.). Die Inbetriebnahme sowie die realen Transaktionen der ersten zwei Betriebstage müssen technisch betreut werden.

Projektstrukturplan

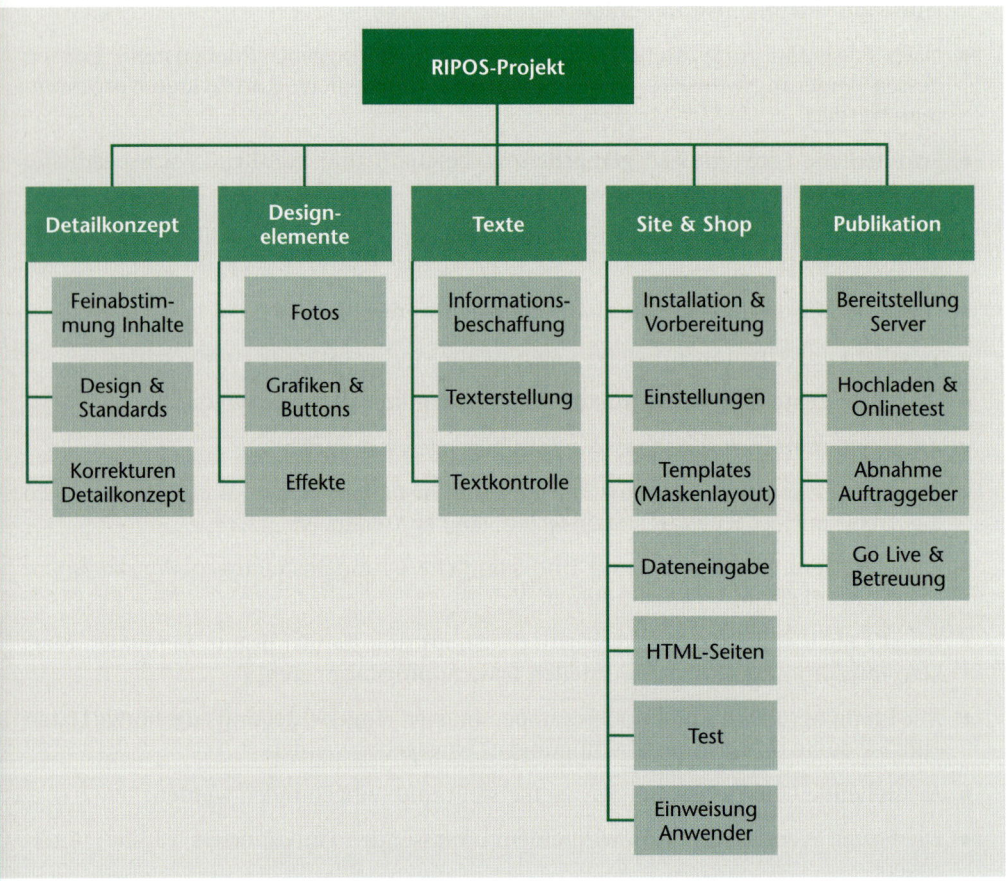

Abb. 30: Projektstrukturplan des RIPOS-Projekts

Projektablaufplan

Vorgangsliste			
Vorgangsnummer	**Vorgangsbezeichnung**	**Dauer (Tage)**	**Vorgänger**
1	Feinabstimmung Inhalte	4	–
2	Design & Standards	4	1
3	1. Meilenstein: Vorstellung Detailkonzept	0	2
4	Korrekturen Detailkonzept	3	3
5	Fotos	6	4
6	Grafiken & Buttons	4	5
7	Effekte	3	6
8	Informationsbeschaffung	12	4
9	Texterstellung	14	8
10	Textkontrolle	3	9
11	Installation und Vorbereitung	2	4
12	Einstellungen	2	11
13	Templates (Maskenlayout)	7	7; 10; 11
14	Dateneingabe	10	12; 13
15	HTML-Seiten	5	7; 10; 11
16	Test	2	14; 15
17	2. Meilenstein: Website & Shop auf CD	0	16
18	Einweisung Anwender	1	17
19	Bereitstellung Server	5	4
20	Hochladen & Onlinetest	1	16; 19
21	Abnahme Auftraggeber	2	20
22	Go Live & Betreuung	5	18; 21

Abb. 31: Vorgangsliste des RIPOS-Projekts

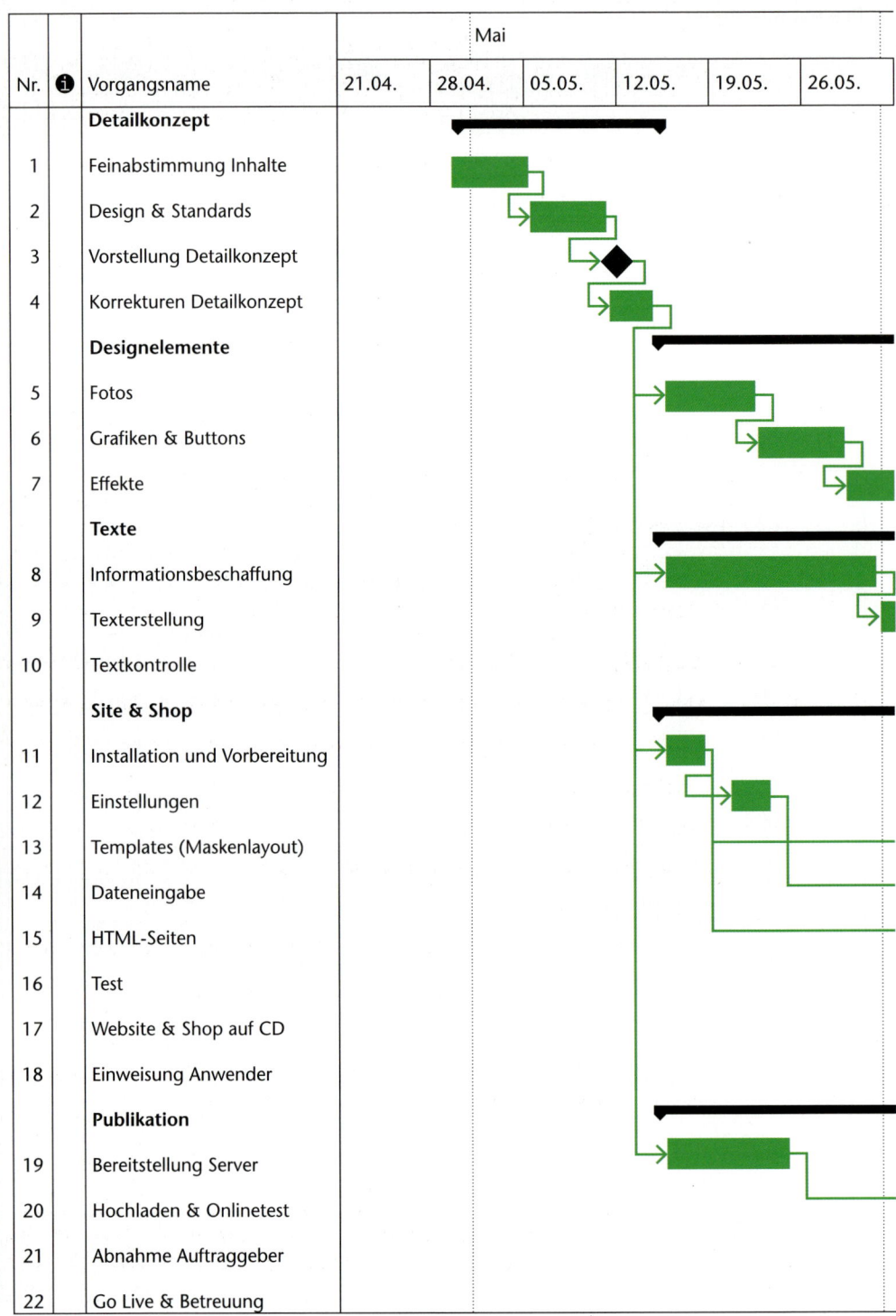

Nr.	❶	Vorgangsname	21.04.	28.04.	05.05.	12.05.	19.05.	26.05.
		Detailkonzept						
1		Feinabstimmung Inhalte						
2		Design & Standards						
3		Vorstellung Detailkonzept						
4		Korrekturen Detailkonzept						
		Designelemente						
5		Fotos						
6		Grafiken & Buttons						
7		Effekte						
		Texte						
8		Informationsbeschaffung						
9		Texterstellung						
10		Textkontrolle						
		Site & Shop						
11		Installation und Vorbereitung						
12		Einstellungen						
13		Templates (Maskenlayout)						
14		Dateneingabe						
15		HTML-Seiten						
16		Test						
17		Website & Shop auf CD						
18		Einweisung Anwender						
		Publikation						
19		Bereitstellung Server						
20		Hochladen & Onlinetest						
21		Abnahme Auftraggeber						
22		Go Live & Betreuung						

Abb. 32: Balkendiagramm des Projekts „RIPOS"

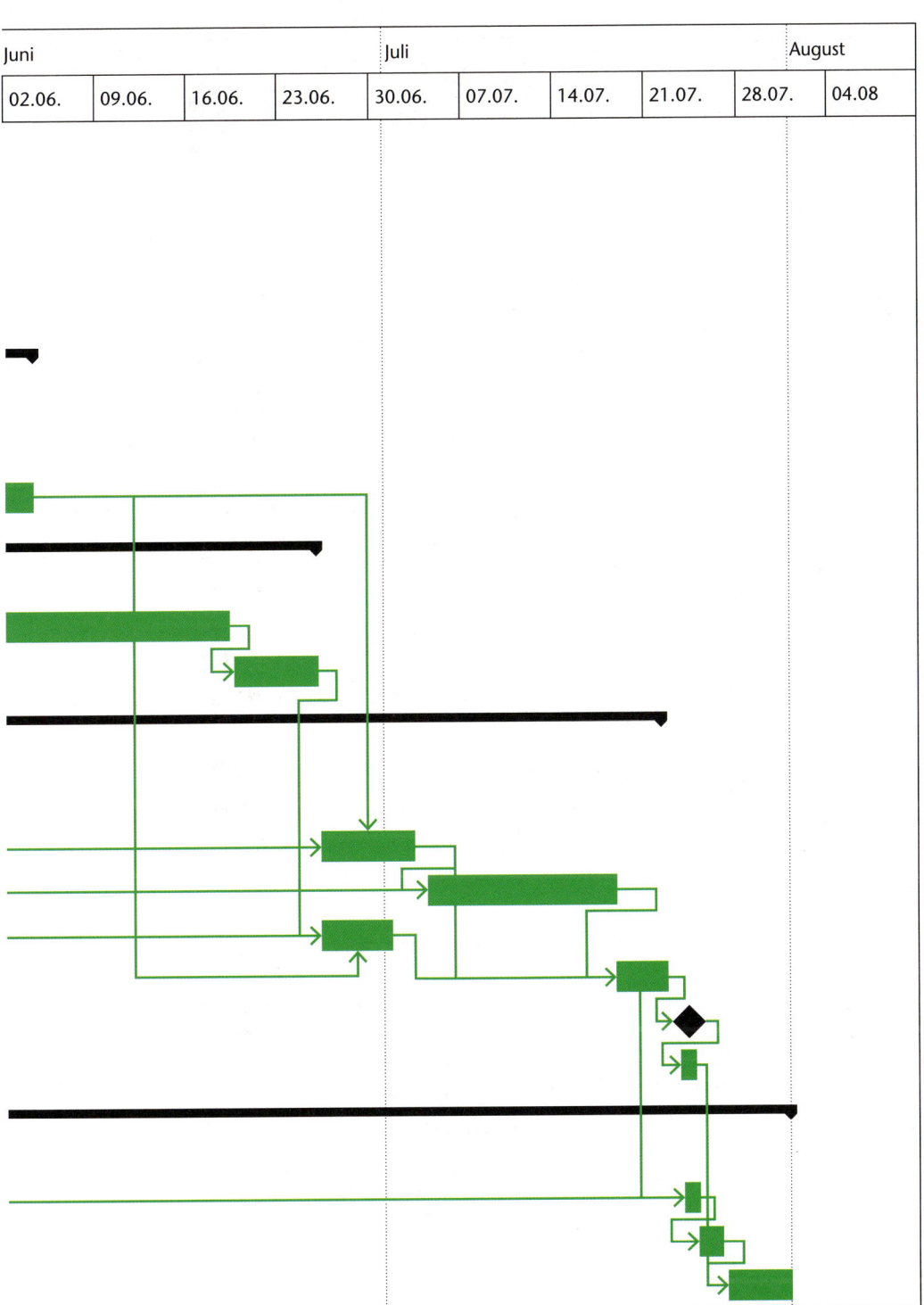

Juni				Juli				August	
02.06.	09.06.	16.06.	23.06.	30.06.	07.07.	14.07.	21.07.	28.07.	04.08

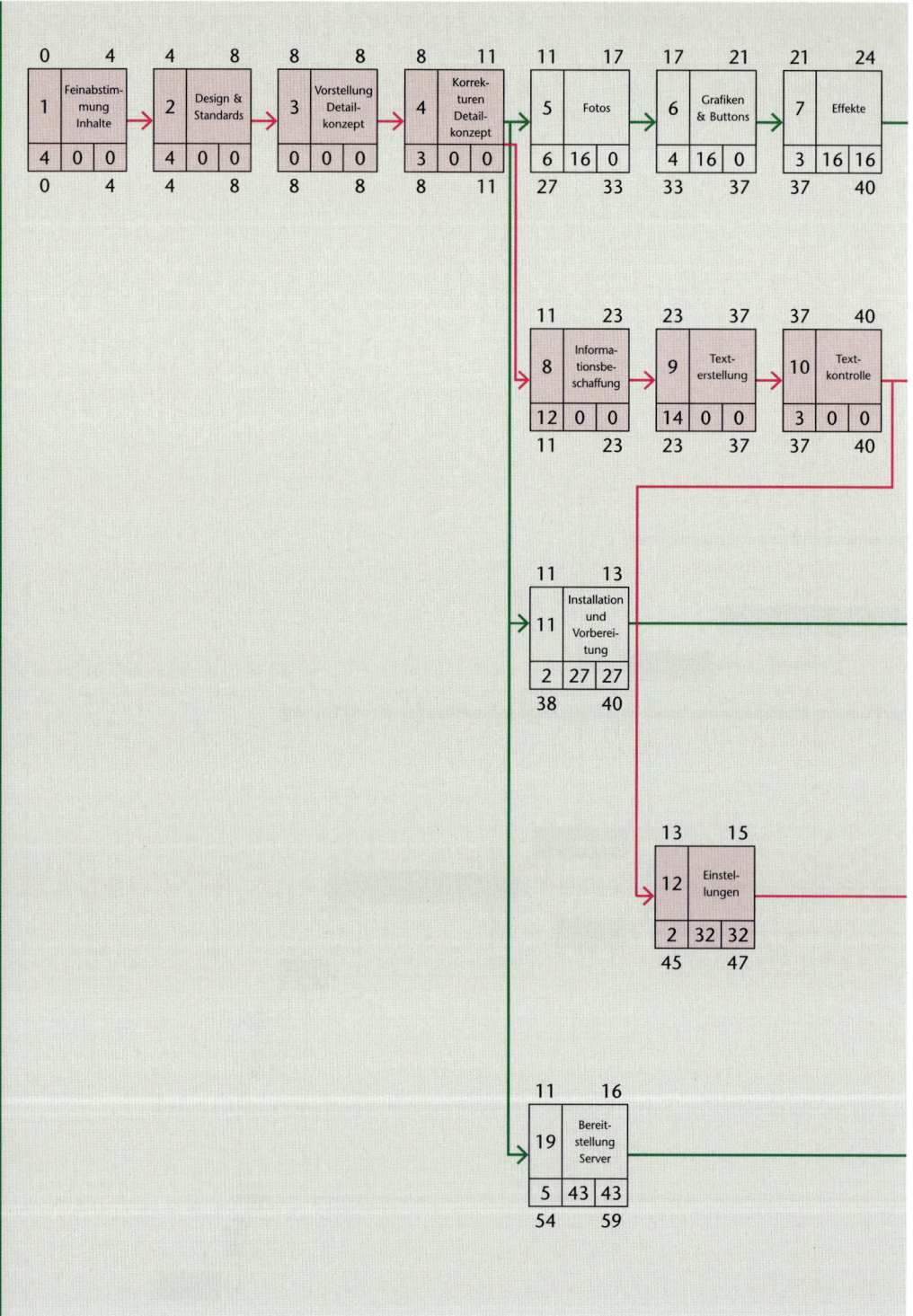

Abb. 33: Netzplan für das Beispiel „RIPOS-Projekt"

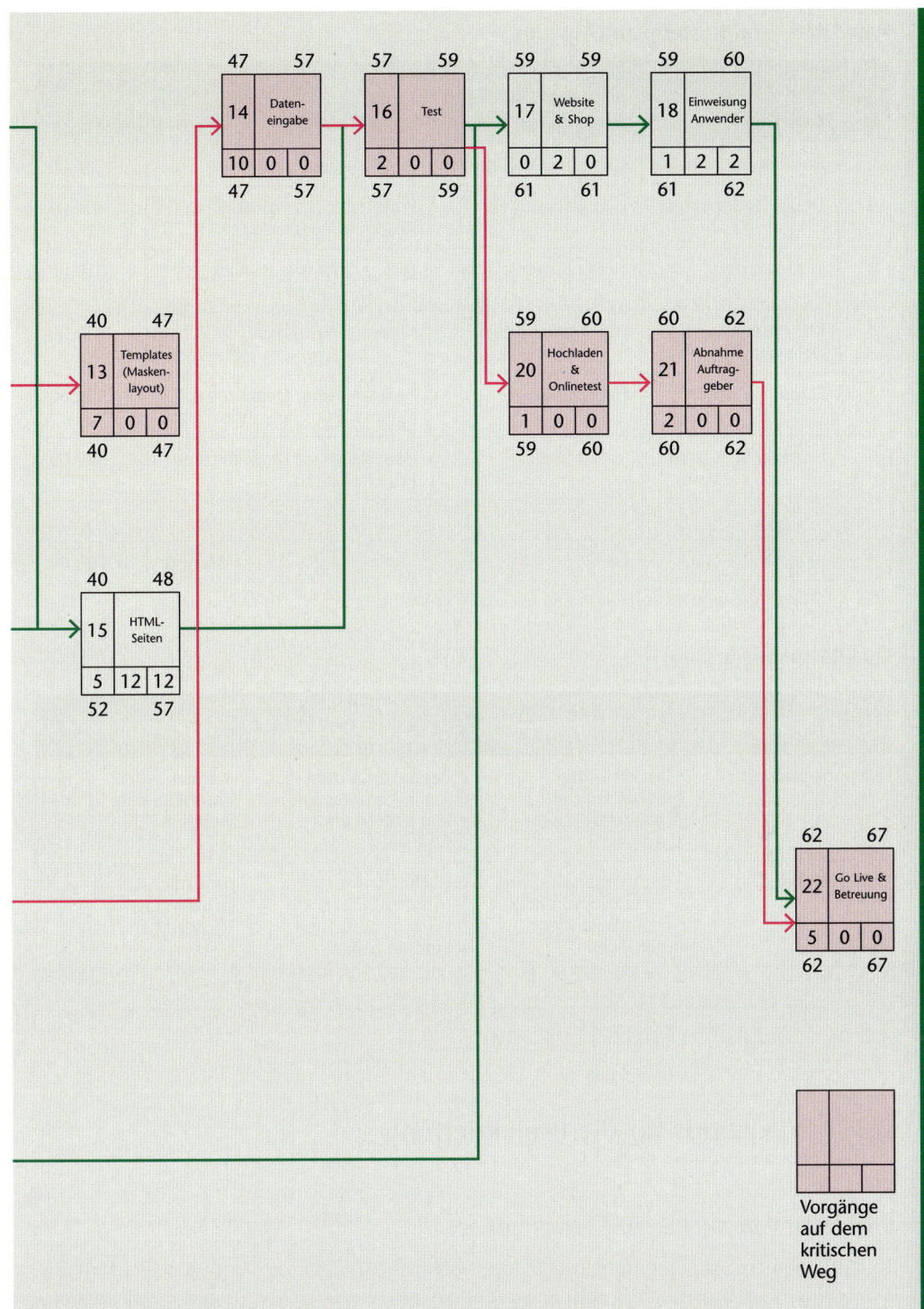

Vorgänge
auf dem
kritischen
Weg

Kapazitäts- und Kostenplan (Auszug)

Kapazitäts- und Kostenplan				
Nr.	AP-Name	Personalressourcen	Sachressourcen	Kosten
1	Abstimmung Inhalte	Gesamtes Projektteam	Projektauftrag	200,00
2	Design & Standards	Herr Liebenthron	Projektauftrag, Protokoll der Abstimmungssitzung	400,00
3	1. Meilenstein	Gesamtes Projektteam	Fertige Entwürfe Beamer, Laptop, Raum 11	250,00
4	Korrekturen Detailkonzept	Herr Liebenthron	Meilensteinprotokoll	120,00
5	Fotos	Herr Schiebel	Projektauftrag, Detailkonzept, Kamera, PC, Photoshop	350,00
6	Grafiken & Buttons	usw.	Projektauftrag, Detailkonzept, PC, Photoshop	500,00
...	...	...	...	...
			Summe	57.000,00

Abb. 34: Kapazitäts- und Kostenplan des RIPOS-Projekts (Auszug)

Qualitätsplan (Auszug)

Qualitätsziel	Kriterium	Weg zur Qualitätssicherung	Qualitätskontrolle
Geringe Ladezeit	Maximal drei Sekunden bei handelsüblichem Anschluss	Begrenzte Anzahl sowie Kompression von Bildern und Grafiken	Aufrufen jeder Unterseite mit Stoppuhr
Übersichtlichkeit	Jede Unterseite wird innerhalb von max. zehn Sekunden gefunden	Flache Struktur (maximal drei Klicks bis zum gesuchten Produkt usw.)	Tests mit nicht fachkundigen Testpersonen
usw.	...	...	...

Abb. 35: Qualitätsplan des RIPOS-Projekts (Auszug)

2.3   Praxistipps für die Projektleitung

Tipp Nr. 1: Vom Groben zum Feinen planen

In Projekten im Allgemeinen und in der Softwareentwicklung im Besonderen ist die Dauer von Vorgängen häufig sehr schwer abzuschätzen. Gleichwohl gibt es „Bruttozeitfenster", in denen bestimmte Vorgänge in jedem Fall abgeschlossen sein müssen. Für das

Angebot sollte nur eine grobe Projektplanung mit den wichtigsten Meilensteinen erstellt werden; der Aufwand einer Feinplanung lohnt sich erst nach Auftragserteilung. Lediglich der Projektstrukturplan und die Arbeitspaketbeschreibungen sollten bereits jetzt endgültig fertiggestellt werden.

Tipp Nr. 2: Bei der PSP-Entwicklung das „Was" und nicht das „Wie" klären

Insbesondere in IT-Projekten gibt es die Tendenz, vorschnell in technischen Lösungen zu denken. So wissen bestimmte Mitarbeiter von Anfang an, „mit welcher Software das Problem zu lösen ist" usw. Die Frage des richtigen Weges ist aber zum Zeitpunkt der Erstellung des Projektstrukturplans noch nicht zu beantworten; vielmehr ist hier eine Gesamtübersicht über alle zu erledigenden Aufgaben zu entwickeln. Die Frage der richtigen Lösung kann später in den zuständigen Arbeitspaketen vertieft werden. Kurz: Bei der Entwicklung des Projektstrukturplans ist das „Was" und nicht das „Wie" zu klären. In diesem Zusammenhang hat es sich bewährt, einen „Was-Beauftragten" einzusetzen, der den Gesprächsverlauf in dieser Hinsicht streng kontrolliert.

Tipp Nr. 3: Die PSP-Vollständigkeit horizontal und vertikal überprüfen

Bei horizontaler wie auch bei vertikaler Betrachtung der Elemente des Projektstrukturplans muss die Summe der Elemente (Teilprojekte, Arbeitspakete) das vollständige Projektergebnis abdecken. Dabei sind neben dem eigentlichen Produkt auch sämtliche zu erbringenden Leistungen (z. B. die Erstellung der Dokumentation, Durchführung von Programmtests, Schulung der Anwender usw.) zu berücksichtigen. Jede Aktivität, die für das Projekt erforderlich ist, muss im PSP eindeutig einem Arbeitspaket bzw. Teilprojekt zuzuordnen sein. Die Aufgaben des Projektmanagements können im PSP erfasst werden.

Tipp Nr. 4: Projektmitarbeiter so früh wie möglich in die Planung einbeziehen

Projektleiter haben oft die Tendenz, eigene Planungsüberlegungen dem Projektteam „überzustülpen". Das kann für die Motivation des Teams und auch die Planungsqualität von Nachteil sein: Je früher Arbeitspaket- und Teilprojektverantwortliche in die Planung einbezogen werden, desto größer ist die Chance, dass die Planung realistisch ist und das Arbeitspaketteam den Ehrgeiz entwickelt, die eigenen Planungsziele zu erreichen.

Tipp Nr. 5: Die richtigen Personalressourcen planen

In der Praxis werden die Personalressourcen häufig nach pragmatischen Kriterien („Lars hat in der Woche Zeit …") geplant. Für eine qualifizierte Projektabwicklung sollte jedoch sorgfältig geprüft werden, wer was kann – und eben auch, wer was nicht kann.

Tipp Nr. 6: Anwendungsentwicklung: spiralförmig planen

Im Rahmen der Anwendungsentwicklung lernt man im Normalfall, anders als bei der Systemintegration, unentwegt viel Unerwartetes dazu. Aus diesem Grunde bietet sich hier die Planung nach dem Spiralmodell (Seite 18) an. Der damit verbundene Planungsprozess sollte bei der Vertragsgestaltung berücksichtigt werden.

2.4   Übungsaufgaben

1. *Innenausbau und Umzug*

    Das Mobilfunkunternehmen Teltalk GmbH plant den Umzug in ein Neubaugebäude. Der Innenausbau und der Umzug sollen auf Grund des erheblichen Zeitdrucks als Kleinprojekt definiert werden. Folgende Arbeitspakete sind geplant:

    1. ***Kick-Off-Meeting:*** *Im Kick-Off-Meeting werden alle Fragen rund um das Projekt geklärt. Es geht allen anderen Arbeitspaketen voran und dauert einen Tag.*

    2. ***Spedition beauftragen:*** *Die preiswerteste Spedition ist zu ermitteln und mit dem Möbeltransport zu beauftragen, dauert einen Tag.*

    3. ***Planen der Inneneinrichtung:*** *Zu planen sind vor allem die Platzierung der Möbel und EDV-Geräte sowie die Auswahl von Teppichboden, Tapeten, Wandfarbe, Jalousien und Deckenlampen. Die Planung nimmt 4 Tage in Anspruch.*

    4. ***Verpacken Aktenordner:*** *Alle Aktenordner sind aus den Aktenschränken zu entnehmen und in Umzugskartons zu verpacken. Die Umzugskartons sind zu beschriften. Dauer: 3 Tage.*

    5. ***Datensicherung:*** *Sämtliche Daten sind zu sichern, bevor die DV-Geräte verpackt werden, die Sicherung nimmt 3 Tage in Anspruch.*

    6. ***Verpacken der DV-Geräte:*** *Server, Computer, Drucker, Beamer, Whiteboards usw., das Verpacken der DV-Geräte in Umzugskartons nimmt 3 Tage in Anspruch.*

    7. ***Tapezieren:*** *Sämtliche Büroräume sind zu tapezieren, Dauer 5 Tage.*

    8. ***Streichen der Tapeten:*** *Alle Tapeten sind zu streichen (Dauer: 4 Tage), die Farbe trocknet über Nacht.*

    9. ***Anbringen von Jalousien und Deckenlampen:*** *Die Anbringung (Dauer: 2 Tage) setzt voraus, dass alle Tapeten gestrichen sind und dass die Wandfarbe trocken ist.*

    10. ***Teppichboden verlegen:*** *Der Teppichboden kann erst verlegt werden, wenn alle Jalousien und Deckenlampen angebracht sind. Während der Verlegearbeiten dürfen die Räume nicht von Dritten betreten werden. Die Verlegung dauert 3 Tage.*

    11. ***Abbau, Transport und Aufbau der Möbel:*** *Die Möbel müssen komplett vollständig ausgeräumt sein, bevor sie zerlegt werden. Dieses Arbeitspaket dauert insgesamt 3 Tage.*

    12. ***Transport und Einsortieren der Ordner:*** *Dieses Arbeitspaket (Dauer: 2 Tage) darf erst durchgeführt werden, wenn alle Möbel an ihrem endgültigen Platz stehen.*

    13. ***Transport und Aufbau der DV-Geräte:*** *Dieses Arbeitspaket (Dauer: 3 Tage) kann zeitgleich mit dem Transport und dem Einsortieren der Ordner statt finden.*

    14. ***Anschließen und Vernetzen der DV-Geräte:*** *Alle Geräte müssen an ihrem endgültigen Platz stehen, bevor sie angeschlossen werden können. Das Arbeitspaket dauert 2 Tage.*

    15. ***Reinigung:*** *Die Putzkräfte legen Wert darauf, dass alle Arbeiten abgeschlossen sind, bevor sie mit der Reinigung (Dauer: 1 Tag) beginnen.*

    16. ***Endabnahme:*** *Die Endabnahme (Kontrolle, ob alle Anforderungen erfüllt sind), nimmt einen Tag in Anspruch.*

a Erstellen Sie einen Projektstrukturplan.

b Erstellen Sie einen Zeitplan und ermitteln Sie den Endtermin sowie den Zeitraum, in dem der Teppich verlegt werden soll. Das Projekt soll am 1. August 20.. beginnen. An den Wochenenden soll durchgearbeitet werden. Alle Vorgänge (hier identisch mit den Arbeitspaketen) sind so früh wie möglich zu erledigen.

c Fügen Sie einen oder mehrere zweckmäßige Meilensteine ein.

d Erstellen Sie einen Netzplan und markieren Sie den kritischen Weg.

e Gestalten Sie einen Kapazitätsplan

f Gestalten Sie einen Qualitätsplan. Überlegen Sie zweckmäßige Kriterien.

2. **Unterrichtsprojekt „EDV-Raum-Einrichtung" – Teil 2:** Aufbauend auf den Projektauftrag mit Lastenheft soll nun eine umfassende Projektplanung durchgeführt werden:

a Benennen Sie alle Ihrer Meinung nach erforderlichen Arbeitspakete.

b Erstellen Sie einen Projektstrukturplan.

c Erstellen Sie einen Projektablauf- und Terminplan als Balkendiagramm.

d Erstellen Sie einen Netzplan und markieren Sie den kritischen Weg.

e Erstellen Sie einen aussagefähigen Kapazitätsplan.

3. **Entwickeln einer E-Learning-CD – Teil 2:** Für die Entwicklung der E-Learning-CD (siehe Seite 47) hat die Projektleitung der Health-Learn GmbH folgende Vorgangsliste erarbeitet:

Vorgangsliste			
Nr.	Vorgangsname	Dauer (Tage)	Vorgänger
1	Erstellung Grobkonzept	7	–
2	Prüfung/Überarbeitung Grobkonzept	2	1
3	Freigabe Grobkonzept	0	2
4	Entwicklung Layout	2	3
5	Prüfung/Überarbeitung Layout	2	4
6	Freigabe Layout	0	5
7	Verfassen Texte	5	3
8	Prüfung/Überarbeitung Texte	3	7
9	Freigabe Texte	0	8
10	Erstellen Storyboard (Drehbuch)	3	6; 9
11	Prüfung/Überarbeitung Storyboard	3	10
12	Freigabe Storyboard	0	11
13	Anfertigung Audio (Vertonung)	1	12
14	Anfertigung Video	3	12

Vorgangsliste			
Nr.	Vorgangsname	Dauer (Tage)	Vorgänger
15	Anfertigung Grafik & Animation	10	12
16	Einrichtung Entwicklungsumgebung	1	6
17	Programmierung (Flash, CSS, Java Script)	3	12
18	Erstellung Templates (Masken)	2	15; 16
19	Integration: Medien/Texte	4	13; 14; 17; 18
20	Test (Funktion, Optik, Rechtschreibung usw.)	2	19
21	Endabnahme durch Kunden	1	20
22	Projektabschlussgespräch (für QS)	1	21

Erstellen Sie für die Health-Learn GmbH folgende Projektpläne:

a   Projektstrukturplan (Zusammenfassung von Vorgängen in einem Arbeitspaket möglich)

b   Terminplan als Balkenplan

c   Ablaufplan als Netzplan mit kritischem Weg

4.   Entwickeln einer ERP-Software: Für einen Industriebetrieb soll das Unternehmen BusySoft GmbH eine neue ERP-Software entwickeln. Die Projektleitung hat dazu bereits nachfolgende Vorgangsliste entwickelt:

Vorgangsliste			
Nr.	Vorgangsname	Dauer (Tage)	Vorgänger
1	Analysieren von Problemen und System	2	
2	Festlegen der Ein- und Ausgangsparameter	2	1
3	Festlegen der Testparameter und Testarten	1	2
4	Festlegung zum Design (z. B. objektorientiert usw.)	1	1
5	Vertiefen der Problemanalyse	3	3; 4
6	Entwerfen von Modulen	5	3; 4
7	Erstellen eines Grobkonzepts (z. B. UML, Struktogramme)	7	3; 4
8	Fehlerbeseitigung	2	5; 6; 7
9	Vertiefen der Problemanalyse	4	8
10	Codieren	15	9
11	Erstellen der Prüfungsunterlagen (Prüfprotokolle)	2	3
12	Prüfen der Module	3	10; 11

Vorgangsliste			
Nr.	Vorgangsname	Dauer (Tage)	Vorgänger
13	Fehlerbeseitigung	4	10; 11
14	Erstellen einer Dokumentation (z. B. Funktionsbeschreibung)	2	12; 13
15	Integrieren aller Module	2	14
16	Testen in simulierter Umgebung	7	15
17	Fehlerbeseitigung	4	15
18	Testen in realer Umgebung	7	16; 17
19	Fehlerbeseitigung	4	16; 17
20	Dokumentieren (Prüfprotokolle, Bedienungsanleitungen usw.)	5	18; 19
21	Übergeben des Systems/Abnahme	1	20
22	Einweisung/Schulung der Anwender	2	20
23	Abschlussbesprechung	1	21; 22

Erstellen Sie für die BusySoft GmbH folgende Projektpläne:

a Projektstrukturplan (Zusammenfassung von Vorgängen in einem Arbeitspaket möglich)

b Terminplan als Balkenplan

c Ablaufplan als Netzplan mit kritischem Weg

5. Entwickeln eines Managementinformationssystems mit Einrichtung eines Webshops: Das eher handwerklich orientierte Unternehmen „Natur für die Haut" beauftragt die öconosoft GmbH mit der Entwicklung eines Managementinformationssystems (MIS) zur Optimierung der Produktionssteuerung und der Implementierung eines Webshops auf der bereits bestehenden Homepage des Auftraggebers. Nach ausführlichen Gesprächen und Analysen der Ausgangslage mit Ableitung der Funktionalitäten des MIS und der Anforderungen an den Webshop entwickelt die Projektleitung die folgende Vorgangsliste:

Vorgangsliste			
Nr.	Vorgangsname	Dauer (Tage)	Vorgänger
1	Anforderungen an Webshop und MIS dokumentieren	2	–
2	Webshop-Angebote analysieren	4	1
3	Webshop auswählen und beschaffen	2	2
4	Stammkunden über Webshop informieren	4	3
5	Webshop einrichten und testen	3	3
6	Webshop implementieren	1	5

Vorgangsliste			
Nr.	Vorgangsname	Dauer (Tage)	Vorgänger
7	Konzept zur Benutzerführung im MIS vereinbaren	1	1
8	Design und Layout der MIS-Benutzeroberfläche vereinbaren	2	1
9	MIS-Masken und MIS-Berichte konzipieren	3	7; 8
10	ERM-Modell entwickeln	2	1
11	Daten für das MIS analysieren	1	10
12	Datenbasis normalisieren	2	11
13	Datenbank (Tabellen und Beziehungen) anlegen	2	12
14	Testdaten erfassen (MIS)	1	13
15	Stammdatenverwaltung im MIS umsetzen	2	9; 14
16	Auftragsverwaltung im MIS umsetzen	4	9; 14
17	Produktionssteuerung im MIS umsetzen	6	9; 14
18	betriebswirtschaftliche Auswertungen im MIS umsetzen	3	9; 14
19	MIS-Entwicklung dokumentieren	4	15; 16; 17; 18
20	MIS-Testlauf in simulierter Umgebung	8	19
21	Fehlerbeseitigung 1 (MIS)	3	20
22	MIS-Testlauf in realer Umgebung	8	21
23	Fehlerbeseitigung 2 (MIS)	2	22
24	Test-Dokumentation erstellen (MIS)	2	23
25	Benutzerhandbuch für MIS erstellen	5	23
26	Übergabe und Abnahme (MIS + Webshop)	1	6; 24; 25
27	MIS-Anwender schulen	2	26
28	Einführung mit Hotline betreuen	20	26
29	Abschlussbesprechung durchführen	1	4; 27; 28

Erstellen Sie für die ökonosoft GmbH folgende Projektpläne:

a Projektstrukturplan (Zusammenfassung von Vorgängen in einem Arbeitspaket möglich)

b Terminplan als Balkenplan

c Ablaufplan als Netzplan mit kritischem Weg

3   Phase „Projektrealisierung"

Alles, was in einem Projekt schieflaufen kann, läuft schief.
Veit Didczuneit, Projektmanager

Die Prosoft GmbH erhält einen Projektauftrag zur Installation eines Netzwerks in einem Autohaus. Das Management durchläuft sorgfältig alle Schritte der Projektdefinition und Projektplanung. Nach wenigen Wochen liegen dem Projektteam alle erforderlichen Pläne vor. Mit großem Engagement beginnen die Mitarbeiter mit der Realisierung des Projektes.

Nach wenigen Tagen wird der Projektleiter unsicher, da er immer wieder Projektmitarbeitern begegnet, denen nicht klar ist, was sie tun sollen. Kaum hat er sie mithilfe seiner Pläne noch einmal darauf hingewiesen, muss er feststellen, dass mehrere Mitarbeiter unabhängig voneinander an ein- und derselben Sache arbeiten, ohne voneinander zu wissen. Daraufhin kommen zwei Mitarbeiter unverrichteter Dinge vom Kunden zurück und teilen mit, die Analyse der Software hätte nicht durchgeführt werden können, da erforderliche Passwörter nicht zu ermitteln seien und somit kein Zugang zu diversen Rechnern möglich sei. Diese und ähnliche Probleme führen dazu, dass der Projektleiter zunehmend von den Plänen abweicht, um die dringendsten Probleme zuerst zu lösen. Doch immer öfter reagieren Projektmitarbeiter verärgert darüber, dass sie über Veränderungen im Projektablauf nicht informiert worden seien und damit ihre Teilprojekte nicht wie geplant fortsetzen könnten. In vielen Fällen ist der Projektleiter gar nicht erreichbar, da er selbst als Fachmann für Netzwerkbetriebssysteme mitarbeitet. Schließlich wird er vom Geschäftsführer zur Rechenschaft gezogen, als der Auftraggeber bemängelt, zu wichtigen Änderungen nicht gehört worden zu sein. Daraufhin gibt der Projektleiter entmutigt die Projektleitung ab.

Eine gute Projektdefinition und -planung ist zwar eine notwendige, aber keine hinreichende Voraussetzung für eine erfolgreiche Projektdurchführung. Auch in dieser Phase hat das Management wichtige Aufgaben zu erledigen. Im Kern ist das die Projektsteuerung.

Projektsteuerung ist vergleichbar mit dem Steuern eines Viermasters durch die raue See im letzten Jahrhundert: Der Kapitän eines solchen Schiffes verfolgte einen theoretisch ermittelten Kurs mithilfe seiner Karten, musste aber täglich mit unerwarteten Schwierigkeiten (Strömungen, Unwetter, Versorgungsengpässen, Meuterei usw.) rechnen. Ein Kapitän war dann ein guter Kapitän, wenn sein Schiff termingerecht und ohne größere Probleme den Zielhafen erreichte. Dazu musste er sich im Kartenlesen so gut auskennen wie in den Bereichen Wetterkunde, Schiffskunde und Menschenführung.

Auch Projekte sind mit vielen unvorhersehbaren Problemen und Risiken behaftet. Um die Projektziele dennoch in der vorgegebenen Zeit zu erreichen, ist eine professionelle Steuerung der Projektdurchführung erforderlich.

3.1   Aufgaben des Projektmanagements

3.1.1   Präzisieren und Anpassen der Projektplanung

Ausarbeiten einer detaillierten Projektplanung

Zu Beginn der Realisierungsphase liegt dem Projektmanagement gewöhnlich nur eine grobe Projektplanung vor. Sie wurde benötigt, um im Angebot bzw. Projektauftrag Angaben zu Terminen und Preisen machen zu können. Nach verbindlicher Auftragserteilung (Vertragsabschluss) muss diese Grobplanung detailliert ausgearbeitet werden, um den Anforderungen des Projektalltags gerecht zu werden. Vielfach wird zu diesem Zeitpunkt einmalig ein Netzplan entwickelt, der eine besonders strenge Überprüfung der Zeitplanung (Dauer und Abhängigkeiten von Vorgängen) verlangt. Im weiteren Projektverlauf wird in der Regel nur noch nach dem Balkenplan gearbeitet, der für alle Beteiligten leichter zu lesen ist als der Netzplan.

Anpassen der Planung im Projektverlauf

Grundsätzlich muss die Projektleitung immer darauf bedacht sein, „Soll-Ist-Abweichungen" (also Abweichungen der Realität von der Projektplanung) zu vermeiden. Die Projektplanung ist im Idealfall wohldurchdacht und berücksichtigt zahllose Zusammenhänge und Wechselwirkungen in einem abgestimmten System von Teilplänen (siehe Kapitel B 2). Eine leichtfertige Planänderung kann daher zu bösen Überraschungen führen. Sie sollte in jedem Falle gut abgewogen und mit betroffenen Entscheidungsträgern abgestimmt werden. Plananpassungen betreffen vorrangig die ...

- Zeitplanung (Balkenplan, Netzplan),
- Kapazitätsplanung (Ressourcenplanung),
- Kostenplanung.

Der Projektstrukturplan und die Arbeitspaketbeschreibungen sollten möglichst nicht mehr geändert werden. Die Anpassung von Plänen kann jederzeit in der Realisierungsphase erforderlich sein, das Aufgabengebiet „Planung" bleibt daher eine Projektmanagementaufgabe bis zum letzten Tag des Projekts. Die Projektleitung muss sicherstellen, dass das Projektteam jederzeit über die aktuelle Planung informiert ist.

3.1.2   Motivieren des Projektteams

Ein wichtiger Erfolgsfaktor von Projekten ist ein motiviertes Projektteam, denn eine „Dienst-nach-Vorschrift-Mentalität" reicht für die erfolgreiche Bearbeitung von Projekten gewöhnlich nicht aus. Eine gute Projektleitung sollte daher etwas von Psychologie verstehen und das Team so führen, dass es die Erreichung der Projektziele als positive Herausforderung betrachtet und sich voll und ganz mit dem Projekt identifiziert. Mit folgenden Maßnahmen kann die Projektleitung dieses Ziel erreichen:

Checkliste: Maßnahmen zur Förderung der Teammotivation

✓ Der Projektleiter pflegt einen kooperativen Führungsstil und tritt nicht autoritär auf, so fühlt sich jedes Teammitglied in seiner Rolle ernst genommen. Zu diesem Zweck muss die Projektleitung an keiner Stelle auf ihren Führungsanspruch verzichten, wohl aber einen respektvollen Umgangston pflegen.

✓ Die im Kick-Off-Meeting erhobenen Erwartungen, Wünsche und Qualifikationen der einzelnen Teammitglieder werden ernst genommen und bei der Aufgabenzuordnung bzw. bei den Qualifikationsmaßnahmen angemessen berücksichtigt.

✓ Im Rahmen von Team- und Teamleitersitzungen erfragt der Teamleiter regelmäßig ein Feedback zur Arbeitszufriedenheit. Dabei ist es wichtig, dass er konstruktive Kritik annehmen kann und diese nicht persönlich nimmt.

✓ Die möglichst frühe Einbindung von Teammitgliedern in das Projekt, um die Identifizierung mit dem Projekt zu gewährleisten – etwa durch die Beteiligung am Planungsprozess.

✓ Konflikte und schlechte Stimmung unter Mitarbeitern sollte die Projektleitung ernst nehmen und so früh wie möglich die Problemursache mit den Betroffenen benennen und mit ihnen Problemlösungen entwickeln. Häufig werden Sachkonflikte geführt, hinter denen Beziehungskonflikte stehen. So steht hinter dem Streit über die geeignete Software nicht selten ein versteckter Machtkampf.

✓ Der Projektleiter nimmt vom Team vorgetragene Probleme ernst und sucht Lösungen („Kritikfähigkeit").

3.1.3   Koordinieren und Überwachen der Realisierung

Eine zentrale Aufgabe des Projektmanagements in der Realisierungsphase besteht darin, das Projektteam zu koordinieren und laufend den Projektfortschritt zu überwachen. Das betrifft vor allem folgende Funktionen:

- Beschaffung von Material bzw. Komponenten
- Entwicklung und Herstellung der Teilergebnisse und des Gesamtergebnisses
- Nachweis der Erfüllung der Anforderungen (Tests, Befragungen usw.)

Ein Mangel an Koordination und Kontrolle kann das ganze Projekt gefährden. Dabei muss die Projektleitung vorausschauend denken und typische Probleme vorhersehen. Das gilt besonders für alle Vorgänge auf dem **kritischen Weg** (siehe Netzplan in Abschnitt B 2.1.3). Voraussetzungen hierfür sind eine sorgfältige Projektplanung sowie eine entsprechende Berufserfahrung.

Die Hand am Puls des Projekts

Viele Projekte kranken daran, dass die Projektleitung eher fachlich als organisatorisch tätig ist. Die Projektleitung darf sich daher auf keinen Fall in fachliche Details des Projekts vertiefen, sondern muss tagtäglich ...

- engen Kontakt zu wichtigen Projektverantwortlichen halten („dranbleiben"),
- dafür sorgen, dass alle Informationen rechtzeitig am richtigen Ort sind.

Das in Abschnitt B 1.1.6 vorgestellte Informationssystem ist eine notwendige, aber nicht hinreichende Voraussetzung für einen guten Informationsfluss. Es liegt in der Natur eines Projekts, dass nicht alle Informationen dort ankommen, wo sie benötigt werden. Die Projektleitung muss daher stets darauf achten, dass diese Informationen gut fließen. Ein wichtiges Instrument zur Beschaffung und Weiterleitung von Informationen sind Besprechungen („Meetings"), die im folgenden Abschnitt detailliert beschrieben werden.

Besprechungen

Besprechungen kosten den Arbeitgeber des Projektteams viel Geld und das Projektteam oftmals viele Nerven. In vielen Betrieben haben die Teilnehmer das Gefühl, dass mit Besprechungen wertvolle Zeit vergeudet wird und wenig dabei herauskommt. Deshalb ist eine effektive Vorbereitung und Durchführung der Besprechungen oberstes Gebot. Dabei sind zu unterscheiden:

- Externe Besprechungen (mit Vertragspartnern, Zulieferern usw.) und interne Besprechungen (im Projektteam)

- Geplante Routinebesprechungen und spontan einberufene „Ad-hoc-Besprechungen" (etwa bei unvorhergesehenen Problemen)

Bei den meisten Besprechungen entscheidet die Qualität der Vorbereitung über den Besprechungserfolg. Im Rahmen der Vorbereitung sind folgende Maßnahmen in jedem Falle erforderlich:

Checkliste: Vorbereitung der Besprechung

✓ Festlegen der Besprechungsziele: Was genau soll in der Besprechung erreicht werden?

✓ Ableiten der Tagesordnungspunkte (TOPs) aus den Zielen

✓ Zusammenstellen aller erforderlichen Dokumente

✓ Auswählen der Teilnehmer (Adressatenanalyse): Wer muss dabei sein?

✓ Einladen der Teilnehmer mit allen Informationen (Ort, Zeit, Dauer, TOPs usw.)

Bei Routinebesprechungen sind folgende Ziele üblich:

- Prüfen des Projektfortschritts in den Teilprojekten
- Erfassen aufgetretener oder absehbarer Probleme
- Sammeln und Auswählen von Lösungsvorschlägen der Probleme

Darüber hinaus können weitere inhaltliche wie auch formale Maßnahmen der Besprechungsvorbereitung erforderlich sein wie zum Beispiel:

- Entwickeln von Verhandlungsstrategien
- Vorbereiten spezieller Medien zur Visualisierung (z. B. Pinnwände)
- Vorbereiten von Workshops (ggf. mit externen Moderatoren)

In der Durchführung der Besprechung fallen folgende Aufgaben für die Sitzungsleitung an:

Checkliste: Durchführung der Besprechung

✓ Begrüßen der Teilnehmer

✓ Ernennen von Protokollanten

✓ Bekanntgeben/Erinnern an Ziele und Dauer der Besprechung

✓ Abarbeiten der geplanten TOPs (siehe oben)

✓ Zuordnen der To do's: Wer macht was bis wann?

✓ Klären von Ort und Termin der nächsten Sitzung

Für jede Besprechung wird ein Ergebnisprotokoll erstellt, in dem nur die wichtigsten Besprechungsergebnisse zu den einzelnen TOPs festgehalten werden.[1] Das Formular „Sitzungsprotokoll" im Anhang kann sowohl dazu als auch zur Vorbereitung der Besprechung herangezogen werden.

3.1.4   Minimieren von Soll-Ist-Abweichungen

Arten und Ursachen von Soll-Ist Abweichungen

Mit Fertigstellung der Projektplanung hat das Projektmanagement die Aufgabe, die vorliegenden Pläne zu realisieren. Im Idealfall wird das Projekt dabei so realisiert, wie es geplant worden ist. Tatsächlich aber kommt es in der Realisierungsphase immer wieder zu drei Arten von Soll-Ist-Abweichungen – also Abweichungen des tatsächlichen Ist-Zustandes vom geplanten Soll-Zustand:

- **Terminabweichungen:** Vorgänge dauern länger oder weniger lange als geplant.
- **Kostenabweichungen:** Die Kosten fallen höher oder geringer aus als geplant.
- **Qualitätsabweichungen:** Teilergebnisse entsprechen nicht der geplanten Qualität.

---

[1] *Die Alternative ist das „Verlaufsprotokoll", in dem alle Redebeiträge dokumentiert werden. Dieses ist bei Projektbesprechungen nicht üblich.*

Soll-Ist-Abweichungen sind nach Birker auf Fehler in der Planung, Fehler in der Ausführung und auf geänderte Rahmenbedingungen zurückzuführen:[1]

Planungsfehler	Ausführungsfehler	Änderungen der Rahmenbedingungen
Bei Tätigkeiten – vergessen – fehlerhafte Schätzung – Termine nicht überprüft – Risiko unberücksichtigt **Kapazitätsplanung** – Überbelastung nicht beachtet – Verfügbarkeit nicht abgestimmt **Bezogen auf den Mitarbeiter** – Know-how nicht beachtet – Schulung/Einarbeitung nicht eingeplant – Urlaub/Fortbildungen usw. nicht berücksichtigt	**Mitarbeiterführung** – falsche Auswahl – mangelnde Einweisung – mangelnde Aufsicht **Fehler der Bearbeitenden** – mangelhafte Einkaufskontrolle von Zukaufsteilen – unsachgemäße Lagerung/Transport – verspätete Disposition	**Leistungsänderung** – durch Auftraggeber – durch Behördenauflagen u. Ä. **Witterungseinflüsse** **Streik** **Kündigungen** **Krankheiten** **Maschinenausfall** **Veränderte Prioritäten des Auftraggebers**

Maßnahmen des Projektmanagements

Das Projektmanagement versucht zunächst, solchen Abweichungen vorzubeugen – also dafür zu sorgen, dass sie gar nicht erst entstehen. Dazu gilt es, auf Grundlage der Planungen für alle betroffenen Teilbereiche vorschauend mitzudenken und Fehlentwicklungen frühzeitig zu erkennen, zu analysieren und zeitnah Gegenmaßnahmen einzuleiten. Kommt es dann doch zu Soll-Ist-Abweichungen, so müssen diese sorgfältig analysiert und entsprechende Gegenmaßnahmen ergriffen werden.

Ein wichtiges Analyseinstrument in diesem Zusammenhang ist die Meilensteintrendanalyse (Abb. 36). Darin kann abgelesen werden, ob die einzelnen Meilensteintermine fristgerecht erfolgen, verschoben werden müssen oder vorgezogen werden können.

---

[1] *vgl. Birker, K.: Projektmanagement, Cornelsen Verlag, Berlin 1999, S. 140*

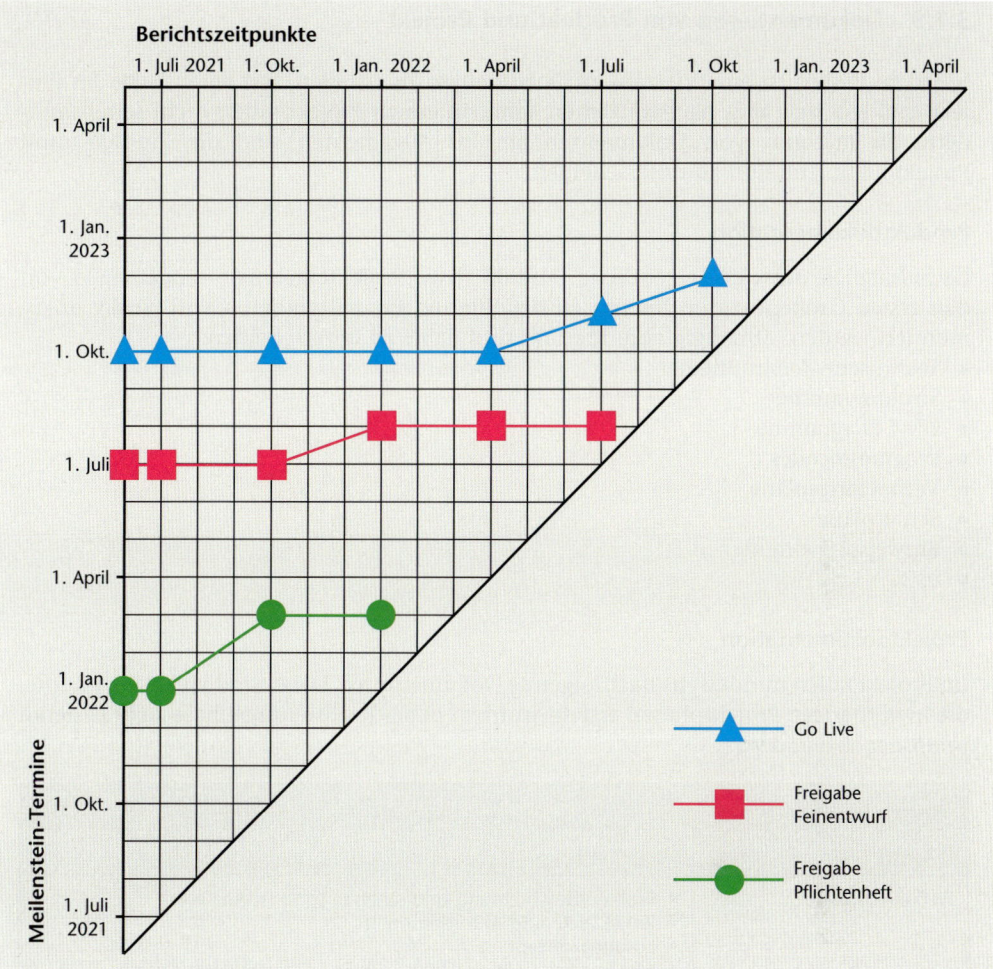

Abb. 36: Meilensteintrendanalyse

Im vorliegenden Beispiel wurden aus Vereinfachungsgründen nur drei Meilensteine geplant. Zum jeweiligen Berichtszeitpunkt gibt das Controlling eine Aussage dazu ab, ob die Einhaltung oder eine Abweichung der Meilensteintermine erwartet wird:

- Steigung der Kurve > 0: erwartete Verschiebung des geplanten Meilensteintermins
- Steigung der Kurve = 0: erwartete Einhaltung des geplanten Meilensteintermins
- Steigung der Kurve < 0: erwartete Vorverlegung des geplanten Meilensteintermins

Mithilfe der Meilensteintrendanalyse kann eine Vielzahl von Terminabweichungen übersichtlich visualisiert werden. Auf Grundlage dieser Analyse kann das Management angemessene Maßnahmen einleiten wie zum Beispiel:

- Organisieren von Überstunden und Sonderschichten im betroffenen Vorgang
- Einschalten zusätzlicher Ressourcen (z. B. externer Fachkräfte)
- Kürzen anschließender Vorgänge

3.1.5   Dokumentieren von Produkt und Projekt

In jedem Projekt ist eine Vielzahl an Dokumenten zu erstellen, mit deren Hilfe das Projektteam jederzeit alles nachvollziehen kann. In einem Projekt fallen nicht selten hunderte bis tausende von Dokumenten an. Im Allgemeinen sind die Produkt- und Projektdokumentation zu unterscheiden.

Produktdokumentation

Grundsätzlich muss das eigentliche Produkt (bzw. Projektergebnis) – angefangen von den ersten Grobentwürfen bis hin zu detaillierten Produktplänen – vollständig dokumentiert werden. Abhängig vom Produkt sind dabei zu unterscheiden:
- Technische Zeichnungen
- Struktogramme
- UML-Diagramme
- Programmcodes
- Vernetzungspläne
- Schaltpläne
- Einweisungsunterlagen
- usw.

Projektdokumentation

Im Projekt fallen mindestens nachfolgende Dokumente an. Dabei sind viele Dokumente, die in vorherigen Projektphasen erstellt wurden, in der Realisierungsphase zu präzisieren und/oder abzuändern.

Projektdokumentation	
Projektphase	**Dokument**
Definitionsphase	• Problembeschreibung und -analyse (ggf. Ist-Analyse) • Projektziele und Anforderungen • Lösungskonzept • Machbarkeits-, Rentabilitäts-, Risiko-, Stakeholderanalysen • Projektvertrag (Projektauftrag bzw. Lasten-/Pflichtenheft) • Protokoll Projektstartsitzung
Planungsphase	• Projektstrukturplan mit Arbeitspaketbeschreibungen • Zeitplan • Kapazitätsplan (Ressourcenplan) • Kostenplan • Qualitätsplan
Realisierungsphase	• Soll-Ist-Abweichungsanalysen • Sitzungsprotokolle • Statusberichte (zum Projektfortschritt) • Sonderberichte (bei Problemfällen) • Prozessbeschreibungen im Falle von Änderungswünschen
Abschlussphase	• Präsentationsunterlagen (Folien, Handouts) • Abnahmeprotokoll mit Nachbesserungsliste • Einweisungsunterlagen • Protokoll der Abschlussbesprechung • Abschlussbericht (mit Projektreflexion)

Bei so vielen Dokumenten besteht immer die Gefahr, dass Dokumente veralten, verloren gehen oder Versionen nicht aufeinander abgestimmt sind. Das Projektmanagement hat deshalb die Aufgabe, dafür zu sorgen, dass alle Dokumente in aktueller Version zur rechten Zeit am rechten Ort vorliegen. Die Dokumente müssen darüber hinaus nicht nur erstellt, sondern auch gekennzeichnet, registriert, freigegeben, aktualisiert, verteilt archiviert und ggf. auch wieder vernichtet werden. Im Idealfall arbeitet das Management mit einer professionellen Dokumentenverwaltungssoftware oder sogar einer Dokumentationsabteilung.

3.1.6   Managen von Änderungen

Es liegt in der Natur eines Projekts, dass im Laufe der Zeit Änderungswünsche gegenüber dem ursprünglich geplanten Produkt eingebracht werden. Diese können entweder vom Auftraggeber oder auch vom Projektteam kommen. Grundsätzlich dürfen Änderungsideen nicht unbedacht aufgenommen und umgesetzt werden, denn im Gesamtsystem sind zahllose Zusammenhänge und Wechselwirkungen zu berücksichtigen. Eine Änderung an einer Stelle des Produkts zieht gewöhnlich erhebliche Komplikationen an anderen Stellen nach sich.

Um sicherzustellen, dass das Gesamtsystem auch nach späteren Änderungen noch funktioniert bzw. alle Komponenten und Dokumentversionen zusammenpassen, ist ein entsprechendes „Änderungs- und Konfigurationsmanagement" erforderlich. Darunter versteht man die Einrichtung und Abwicklung eines strengen Prozesses, der Änderungswünsche aller Art zu durchlaufen hat. Art und Umfang des Prozesses können abhängig von Betrieb, Branche und beteiligten Stellen unterschiedlich ausgestaltet werden. Abbildung 37 zeigt einen allgemein gehaltenen Änderungsprozess.

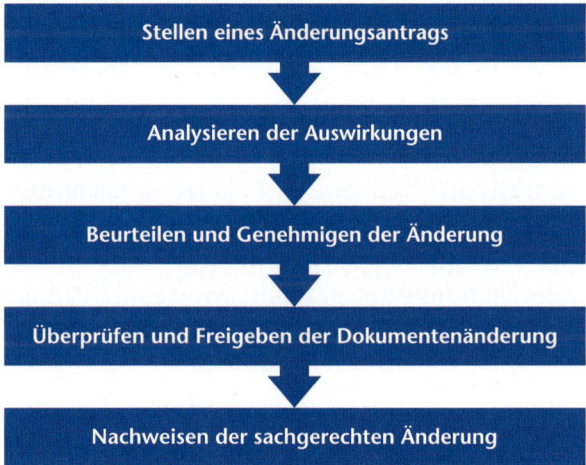

Abb. 37: Änderungsmanagement

3.1.7   Managen von Nachforderungen (Claim Management)

Nicht zu verwechseln mit dem Änderungsmanagement ist das Managen der Nachforderungen (Claim Management) gegenüber dem Auftraggeber.

Während es beim Änderungsmanagement darum geht, die technisch fehlerfreie Umsetzung von Änderungswünschen zu managen, ist es die Aufgabe des Claim Managements, für alle Arten von Abweichungen vom ursprünglichen Vertrag Nachforderungen des Auftraggebers abzuwehren sowie eigene Nachforderungen beim Vertragspartner zu stellen. Es geht hier also darum, die Interessen des Auftragnehmers gegenüber dem Auftraggeber zu vertreten und vertraglich umzusetzen.

3.2   Praxisfall RIPOS-Projekt

Der Projektleiter Herr Bertram sieht sich in der Realisierungsphase mit vielen Problemen konfrontiert und sucht dafür jeweils eine Lösung:

Koordinieren und Überwachen der Realisierung

Problem
In mehreren Fällen fühlen sich einzelne Projektmitarbeiter schlecht informiert und ärgern sich über die Projektleitung.

Lösung
Herr Bertram richtet zwei feste Besprechungstermine (Montag 09:00 bis 09:30 Uhr und Mittwoch 16:00 bis 16:30 Uhr) ein, in denen alle wichtigen Entwicklungen und Entscheidungen im gesamten Team besprochen werden.

Problem
Das Projektteam hatte die Abteilungen Marketing und Vertrieb sowie Personal um Bearbeitung innerhalb der 34. KW gebeten. Doch einige Rückläufe bleiben ganz aus, andere sind unbrauchbar.

Lösung
Herr Bertram empfiehlt, den Abteilungen einen strukturierten und standardisierten Fragenkatalog zukommen zu lassen und diese im Rahmen zu vereinbarender „Interviewtermine" zu befragen und ggf. nachzuhaken.

Problem
Für die Einhaltung des Zeitplans ist es unbedingt erforderlich, dass der Fotograf termingerecht erscheint. Dieser jedoch ist dafür bekannt, dass Pünktlichkeit nicht seine Stärke ist (Künstlertyp).

Lösung
Herr Bertram lässt sich durch den Fotografen eine Woche sowie einen Tag vor dem Shooting den Termin bestätigen, um notfalls auf einen anderen Fotografen ausweichen zu können.

Managen von Änderungen

Problem

Der Auftraggeber schiebt gelegentlich Änderungswünsche nach. Diese führen mehrfach zu erheblichem Mehraufwand, teilweise müssen fertige Teillösungen ganz neu entwickelt werden.

Lösung

Herr Bertram definiert den Geschäftsprozess „Änderungswunsch Kunde". Danach müssen Änderungen schriftlich beantragt und von einem Änderungsausschuss genehmigt werden. Genehmigte Änderungen werden in die Planung aufgenommen und entsprechend ihres Aufwands nachkalkuliert.

Anpassen der Projektplanung

Problem

Das Arbeitspaket „Informationsbeschaffung" wurde zeitlich unterschätzt, da die Rückläufe länger als angenommen auf sich warten lassen.

Lösung

Herr Bertram passt das Arbeitspaket dem realen Kalender an und verkürzt nachfolgende Arbeitspakete, die eher großzügig geplant waren.

Motivieren des Projektteams

Problem

Immer wieder kommt es zu Spannungen zwischen IT-Mitarbeitern und den externen Beratern, die in langwierigen und unergiebigen Sachstreitereien zum Ausdruck kommen.

Lösung

Herr Bertram ist davon überzeugt, dass die sachlichen Differenzen auf einen Beziehungskonflikt (Macht- und Revierkämpfe) sowie nicht ausgesprochene Interessen beider Seiten zurückzuführen sind. Er bittet an einem Dienstagnachmittag die betreffenden Teammitglieder zu einer Besprechung und spricht beide Parteien direkt auf die Themen an. Tatsächlich hatten sich Unzufriedenheiten aufgestaut, welche nun besprochen und aus der Welt geschafft werden können. Auch die Interessen werden durch eine geschickte Gesprächsführung von Herrn Bertram offen dargelegt und für beide Seiten akzeptable Kompromisslösungen gefunden.

Minimieren von Soll-Ist-Abweichungen

Problem

Die Kosten des Arbeitspakets „Informationsbeschaffung" übersteigen die Plankosten.

Lösung

Herr Bertram überprüft alle Arbeitspakete auf Kostensenkungspotenziale und gleicht die Mehrkosten gleichmäßig (prozentual) über alle anderen Arbeitspakete aus.

Dokumentieren des Prozesses

Problem
Ein wichtiger Anruf beim Hersteller der Webshop-Software wurde versäumt und es ist unklar, wer für diesen Anruf verantwortlich war.

Lösung
Herr Bertram ordnet die Zuständigkeit in diesem Falle an und erweitert die bisherigen einfachen Besprechungsprotokollformulare um die „To-do-Zeilen" (siehe Formular „Sitzungsprotokoll"), welche am Ende jeder Besprechung gemeinsam überprüft werden.

Problem
Die plötzliche Erkrankung zweier Mitarbeiter gefährdet den Projektendtermin.

Lösung
Herr Bertram verfasst einen entsprechenden Sonderbericht und richtet diesen an den Auftraggeber (Geschäftsführung). Darin beantragt er, dass für diesen Zeitraum personeller Ersatz genehmigt wird. Der Auftraggeber stimmt zu.

Dokumentieren des Produkts

Problem
Zur Shoperstellung hatte der IT-Mitarbeiter Herr Andresen spezifische Lösungen selbst programmiert, welche nun dringend geändert werden müssen. Doch dieser Mitarbeiter hatte aus privaten Gründen überraschend gekündigt und niemand kann seinen Code nachvollziehen.

Lösung
Herr Bertram kann Herrn Andresen erreichen und die gewünschten Informationen beschaffen. Darüber hinaus verabschiedet Herr Bertram die Regel, dass der Programmcode zukünftig vollständig zu dokumentieren und in der Dokumentenablage abzulegen ist.

3.3   Praxistipps für die Projektleitung

Tipp Nr. 1: Die Kundenanforderungen im Blick behalten

Die Entwicklung einer technischen Problemlösung birgt naturgemäß das Risiko, dass sich die Fachleute in technischen Spielereien verlieren und dabei häufig weit über die Kundenanforderungen hinausgehen. Die Projektleitung muss stets diese Anforderungen im Blick behalten und darauf achten, dass diese erfüllt, aber nicht übererfüllt werden. Eine Übererfüllung führt zu Mehrkosten und muss nicht im Interesse des Kunden sein.

Tipp Nr. 2: Dokumentation zeitnah einfordern

Viele Projektleiter müssen lange hinter der Dokumentation „herlaufen". Das ist nicht zuletzt deswegen problematisch, weil die Produktdokumentation in der Regel Vertragsbestandteil ist und zu den betreffenden Meilensteinterminen vorliegen muss. Aus diesem Grunde sollte die Projektleitung auf einer zeitnahen Erstellung und Abgabe der Dokumentation bestehen.

Tipp Nr. 3: Die Kommunikation im Team fördern

In IT-Projekten besteht bei vielen Teamleitern die Tendenz, sich engagiert der Sache – jedoch kaum den eigenen Mitarbeitern – zuzuwenden. Deshalb wird in den Teams die Erreichung der Arbeitspaketziele häufig mangelhaft abgestimmt. Ist das der Fall, so muss die Projektleitung ein entsprechendes Problembewusstsein und auch ein entsprechendes Klima schaffen (etwa mit den Mitarbeitern abends etwas trinken gehen) und geeignete Kommunikationsformen entwickeln (regelmäßige Besprechungen, Chat usw.).

Tipp Nr. 3: Die Projektmitarbeiter respektieren

IT-Mitarbeiter sind in vielen Fällen hoch qualifizierte Fachleute, die ihren Vorgesetzten fachlich überlegen sein können – auch dem Projektleiter. Entsprechend sollte ihnen jederzeit angemessener Respekt entgegengebracht werden. Andernfalls werden diese Mitarbeiter sicherlich nicht mehr alles geben, um die Projektziele zu erreichen.

Tipp Nr. 4: Auf interkulturelle Unterschiede vorbereiten

IT-Projekte sind aufgrund der Globalisierung immer häufiger internationaler Natur. Bei der Arbeit in internationalen Projekten treffen für viele Mitarbeiter unerwartet ganz unterschiedliche Herangehensweisen, Kulturen und Mentalitäten aufeinander. Beispielsweise „kommen die Deutschen gleich zur Sache", während in Spanien lieber erst einmal über belanglose Alltäglichkeiten gesprochen wird, um den Fremden näher kennenzulernen. In Projekten mit asiatischen Mitarbeitern oder Vertragspartnern sind wiederum völlig andere Bräuche und Werte zu berücksichtigen. In internationalen Projekten sollte man sich frühzeitig mit diesen Kulturen auseinandersetzen.

Tipp Nr. 5: Alle wichtigen Vereinbarungen schriftlich bestätigen lassen

Im Verlauf eines jeden IT-Projekts werden naturgemäß zahllose Vereinbarungen getroffen – viele davon im kurzen Gespräch auf dem Flur oder am Telefon. Sofern es sich um bedeutsame Aspekte handelt, ist es ratsam, etwa in Form einer kurzen Mail den Inhalt der Vereinbarung noch einmal zusammenzufassen und sich in freundlicher Form danach zu erkundigen, ob man diese Vereinbarung so richtig verstanden habe. Dadurch sinkt das Risiko von Missverständnissen – und die Vereinbarung liegt für alle Fälle schriftlich vor.

3.4   Übungsaufgaben

1.   *Bilden Sie Arbeitsgruppen. Einigen Sie sich auf fünf allgemein formulierte Spielregeln zur Projektdurchführung und halten Sie eine Begründung für jede Regel parat.*

2.   *Interpretieren Sie das Beispiel der Meilensteintrendanalyse (Abb. 36, S. 81).*

3.   ***Unterrichtsprojekt „EDV-Raum-Einrichtung" – Teil 3:*** *Vier Schüler waren für das Arbeitspaket „Wareneingangskontrolle" (diverse Kartons mit PC, Monitoren, Kabeln usw.) zuständig. Alle eingegangenen Artikel sollten sorgfältig kontrolliert werden. Die verantwortlichen Schüler können wohl bezeugen, dass die Ware („viele Pakete") tatsächlich pünktlich gekommen und im Keller eingelagert worden ist, Genaueres konnten sie allerdings nicht sagen.*

    a   Welche bösen Überraschungen könnten Sie beim Auspacken der Ware erleben?

    b   Was könnten Ursachen dafür sein?

    c   Welche rechtfertigenden Erklärungen werden die betreffenden Schüler zu ihrer Verteidigung abgeben?

    d   Treten Sie diesen Erklärungen als Projektleiter entgegen, indem Sie auf damit verbundene Gefahren für den Projektverlauf hinweisen.

4   Phase „Projektabschluss"

Ende gut, alles gut.
Volksweisheit

Das Softwarehaus Busysoft übergibt dem Kunden Krone, einem mittelständischen Industriebetrieb, fristgerecht das vereinbarte Projektergebnis – eine integrierte kaufmännische Software bestehend aus acht Modulen. Die Projektmitarbeiter von Busysoft installieren die Software und verabschieden sich nach erfolgreichem Produkttest. Der Projektleiter Herr Rudolph ist sehr zufrieden, das Team hat gute Arbeit geleistet.

Doch Herr Rudolph wird in den folgenden Wochen immer wieder auf das abgeschlossene Projekt angesprochen: Sein Chef ruft mehrfach bei ihm an und verlangt genauere Informationen über Projektverlauf und bestimmte Projektkosten; andere Projektleiter erkundigen sich regelmäßig per E-Mail hinsichtlich konkreter Erfahrungen aus diesem Projekt. In der Cafeteria hört Rudolph von Unzufriedenheiten seines eigenen Teams, da überhaupt keine Abschlussveranstaltung und kein Feedback stattgefunden habe – man habe da noch einiges sagen wollen. Überhaupt sei das ganze Projekt so sang- und klanglos beendet worden – hatte man dafür so hart gearbeitet? Außerdem kommt es beim Auftraggeber Krone zu Problemen, da einige Sachbearbeiter meinen, nicht vernünftig in das neue Produkt eingewiesen worden zu sein. Als Herr Rudolph dann noch vom Geschäftsführer getadelt wird, dass überhaupt keine schriftliche Dokumentation des Projekts vorliege, ist er völlig frustriert: Er hatte das Projekt doch so erfolgreich abgewickelt und nun bleibt dieser bittere Nachgeschmack …

Häufig unterliegt das Projektmanagement dem verbreiteten Irrtum, mit Fertigstellung des Produktes sei ein Projekt beendet. Tatsächlich aber werden in dieser Projektphase von verschiedenen Seiten ganz unterschiedliche Interessen an das Projekt herangetragen. Diese Interessengruppen werden im Folgenden skizziert.

Kunde/Auftraggeber

Dieser wünscht gewöhnlich eine ausführliche Produktpräsentation sowie die sofortige Übergabe bzw. Installation des fehlerfreien und vollständigen Produktes. Darüber hinaus verlangt er eine vollständige Produktdokumentation, um unabhängig vom Auftragnehmer zu einem späteren Zeitpunkt Änderungen am Produkt vornehmen oder bei Dritten in Auftrag geben zu können.

Anwender des Produktes

Das können beispielsweise Sachbearbeiter sein, die eine fachgerechte Einweisung in das Produkt erwarten. Diese Anwender können, müssen aber nicht identisch mit dem Auftraggeber sein.

Projektteam

Die Projektmitarbeiter wünschen nach Produktfertigstellung ein Feedback von den anderen Projektmitarbeitern, dem Projektleiter und dem Auftraggeber, in dem ihre Leistungen beurteilt und gewürdigt werden. Außerdem besteht in den meisten Fällen das Interesse an einer Abschlussfeier, in der man sich noch einmal über andere Themen als die Arbeit unterhalten kann.

Projektleiter

Der Leiter eines Projekts strebt an, die zurückliegenden Monate anstrengender Tätigkeit in persönlich nutzbare Projekterfahrung zu überführen. Außerdem will er einen eindeutig definierten Schlusspunkt des Projektes und der damit verbundenen Verantwortung erreichen.

Andere Projektleiter und zukünftige Projektteams

Diese haben ein vorrangiges Interesse an Informationen über gute und schlechte Erfahrungen aus dem Projektverlauf, denn wer die Verantwortung für den Erfolg von Projekten trägt, in denen viele unvorhergesehene Situationen bewältigt werden müssen, möchte gern wissen, wie andere Projektteams verwandte Probleme gelöst haben.

Unternehmensleitung

Für die betriebswirtschaftliche Bewertung des Projekts ist die Unternehmensleitung interessiert an einer kurzen Übersicht über den Projektverlauf, einer Rückmeldung der Kundenzufriedenheit und einer **Abschlusskalkulation** für die quantitative Erfolgsermittlung.

Diesen unterschiedlich gearteten Interessen gerecht zu werden, ist die Aufgabe des Projektmanagements in der Abschlussphase.

4.1   Aufgaben des Projektmanagements

Für die Abschlussphase sieht das Projektmanagement folgende Instrumente vor, um den Interessen aller Projektbeteiligten gerecht zu werden:

- **Abschlusspräsentation:** Dem Kunden wird das Projektergebnis (Produkt) vorgestellt. Als Abschlusspräsentation wird auch eine abschließende Präsentation gegenüber der eigenen Unternehmensleitung oder anderen Projektteams des eigenen Unternehmens zum Projektverlauf (Prozess) bezeichnet.

- **Abnahme:** Der Auftraggeber nimmt das Projektergebnis offiziell ab.

- **Einweisung:** Der Anwender wird in das Projektergebnis (Produkt) eingewiesen.

- **Abschlussbesprechung:** Der Projektleiter nimmt mit dem Projektteam vorrangig eine Rückschau des Projektverlaufs, aber auch eine Vorschau auf etwaige zukünftige Aktionen vor.

- **Abschlussbericht:** Der Projektleiter trägt alle erheblichen Informationen über den Projektverlauf und das Projektergebnis zusammen.

- **Auflösung des Projektteams:** Die Projektmitarbeiter erhalten neue Aufgaben.

Im Folgenden werden diese Instrumente im Detail erläutert.

4.1.1 Präsentieren von Projekt und Ergebnis

Die Abschlusspräsentation dient einerseits dem Zweck, innerhalb kürzester Zeit gleich mehrere Interessenten über grundsätzliche Aspekte zum Projektergebnis oder Projektverlauf zu informieren.

Andererseits hat das Projektteam mit einer gelungenen Präsentation die Möglichkeit, die eigene Projektarbeit so gut wie möglich zu „verkaufen". Sie ist Bestandteil des sogenannten **Projektmarketings**.

An jede Abschlusspräsentation werden abhängig von Inhalt und Zuhörererwartungen spezifische Anforderungen gestellt, die vor allem für die Vorbereitung der Präsentation maßgeblich sind. Im Folgenden sind daher die wichtigsten Grundregeln zur Vorbereitung und Durchführung einer erfolgreichen Präsentation zusammengestellt.

4.1.1.1 Empfehlungen zur Vorbereitung

Grundsätzliche Vorüberlegungen

Bevor eine Präsentation vorbereitet werden kann, sollten folgende Fragen sorgfältig beantwortet werden:

- Was ist das genaue Ziel der Präsentation? Soll die Präsentation informieren, überzeugen oder die Zuhörer zu einem bestimmten Verhalten veranlassen?
- Für welche Zielgruppe ist die Präsentation zugeschnitten? Wie sind Erwartungen, Wissensstand, Einstellungen, etwaige Vorbehalte sowie Gemeinsamkeiten und Unterschiede innerhalb der Zuhörerschaft einzuschätzen?
- Wie sollen Präsentationsthema, Aufbau und inhaltlicher Schwerpunkt der Präsentation aussehen?
- Wie viel Zeit steht für die Präsentation und die anschließende Beantwortung von Fragen zur Verfügung?

Gestaltung der Einleitung

Zur Gestaltung der Einleitung sollte man sich an den Fragen orientieren, die sich die Zuhörer zu Beginn einer Präsentation vermutlich stellen:

- Wer redet da und welche Rolle spielt er bzw. für wen arbeitet er?
- Worum wird es hauptsächlich gehen und lohnt sich das für mich?
- Wie wird die Präsentation aufgebaut sein und wann kommt welche Information?
- Wie ist es mit Fragen, Pausen, muss ich mitschreiben und wie lange dauert die Präsentation überhaupt?

Grundsätzlich sollte jede Einleitung Antwort auf diese Fragen geben können. Es hat sich daher folgender Einleitungsaufbau bewährt, welcher als Checkliste genutzt werden kann.

Checkliste Einleitung

✓ Begrüßung des Publikums
✓ Kurzvorstellung und Rolle
✓ Thema mit Abgrenzung und Schwerpunktsetzung
✓ Hauptgliederungspunkte
✓ Organisatorische Hinweise
✓ Einstimmung auf das Thema

Eine **Begrüßung** sollte in jedem Fall allem vorangehen.

Rolle bedeutet in diesem Zusammenhang, dass der Redner begründet, warum gerade er dieses Thema präsentiert.

In der **Abgrenzung** wird erklärt, welche Inhalte ausdrücklich nicht Gegenstand dieser Präsentation sein werden, die **Schwerpunktsetzung** soll dagegen deutlich machen, worum sich die Präsentation hauptsächlich dreht.

Die **Hauptgliederungspunkte** sollten unbedingt visualisiert werden, um dem Publikum die Orientierung zu erleichtern. Damit diese Punkte auch während der Präsentation sichtbar bleiben, bietet sich die Visualisierung auf einem separaten Flipchart an.

Die **organisatorischen Hinweise** betreffen Informationen oder Vereinbarungen hinsichtlich Dauer der Präsentation, vorgesehenen Pausen, möglichen Hand-Outs im Anschluss und den Zeitpunkt der Beantwortung von Fragen.

In der **Einstimmung** auf das Thema soll das Interesse geweckt und die Aufmerksamkeit zum Thema gelenkt werden.

Gestaltung des Hauptteils

Die Gestaltung des Hauptteils lässt sich nicht verallgemeinern, da diese abhängig ist von:
● Zielsetzung der Präsentation
● Umfang der Präsentation
● Inhalt der Präsentation

Grundsätzlich sollte jedoch jeder Hauptteil in wenige übersichtliche Hauptblöcke zerlegt werden, damit der rote Faden deutlich wird.

Gestaltung des Schlussteils

Der Schlussteil dient der Abrundung einer Präsentation. Er schließt sich an die eigentlichen Aussagen an und soll keine neuen Themen beinhalten. Auch hier lässt sich eine allgemeine Empfehlung als Checkliste formulieren.

Checkliste Schluss

✓ Ankündigung des Schlussteils
✓ Zusammenfassung der Hauptaussagen/Schlussfolgerungen/Appell
✓ Fragenteil
✓ Dank für Aufmerksamkeit und Verabschiedung

Die **Ankündigung des Schlussteils** macht dem Zuhörer deutlich, dass die eigentlichen Hauptaussagen nun vollständig vorgetragen sind.

Eine **Zusammenfassung der Hauptaussagen** führt dem Zuhörer noch einmal die wichtigsten Aspekte vor Augen und fördert damit den Überblick.

Etwaige Schlussfolgerungen, etwa zum Projektverlauf, stellen logische Folgerungen aus den Ausführungen im Hauptteil dar, etwa zu Folgeprojekten.

Ein Appell ist der klassische Schluss einer Überzeugungspräsentation.

Selbst wenn der Redner das Publikum gebeten hat, Fragen im Verlauf der Präsentation zu stellen, so sollte unabhängig davon dem Publikum im Anschluss an die Präsentation die **Möglichkeit zur Beantwortung von Fragen** eingeräumt werden.

Eine freundliche **Verabschiedung** trägt zur harmonischen Abrundung der Präsentation bei und wird vom Publikum stets durch Klopfen oder Applaus gewürdigt.

Hilfsmittel

Uhr
Grundsätzlich darf eine Präsentation niemals länger als angekündigt dauern. Aus diesem Grunde muss der Redner stets die Uhr im Blick behalten.

Karteikarten
Ungeübte Redner greifen im Verlauf der Präsentation gerne auf vollgeschriebene DIN-A4-Blätter zurück. Diese hindern ihn aber an einer ungezwungenen natürlichen Ausdrucksweise und fesseln seinen Blick an das Manuskript. Das kann zu ungewollten Blackout-Situationen führen, etwa wenn die gesuchte Stelle im Text in der Eile nicht auffindbar ist. Aus diesem Grund sollten bei einer Präsentation lediglich nummerierte und ggf. farbige Karteikarten mit wenigen Stichworten bzw. Zusatzinformationen eingesetzt werden.

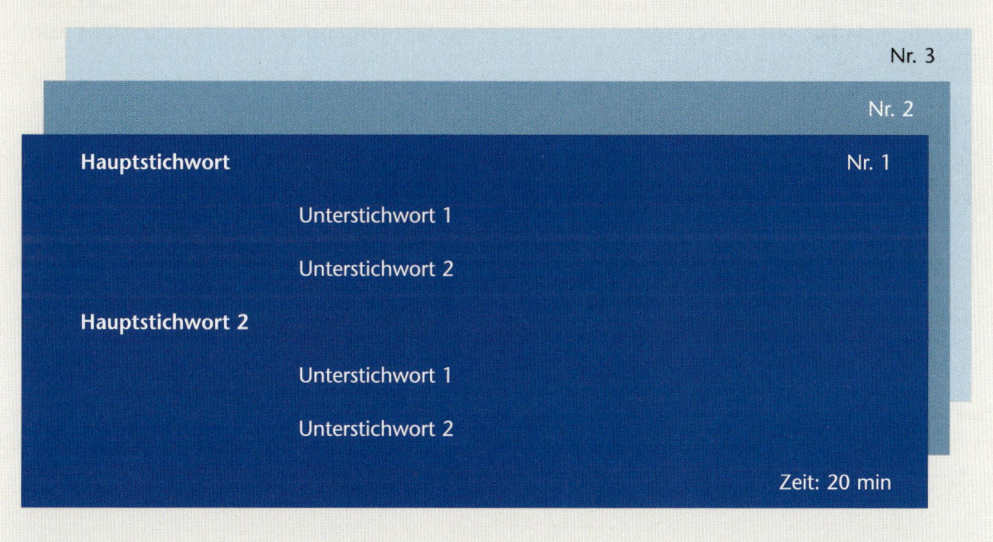

Abb. 38: Beschriftung einer Karteikarte für eine Präsentation

Medien zur Visualisierung

Sehr gebräuchlich für Präsentationen ist der Beamer in Kombination mit einem Notebook mit entsprechender Präsentationssoftware. Darüber hinaus bieten sich an: Overheadprojektor, Flipchart, Pinnwand, Whiteboard, Diaprojektor. Die Auswahl bestimmter Medien darf nicht zufällig geschehen, sondern sollte immer begründet werden können. Soll z. B. die Gliederung der Präsentation für die Zuhörer für die gesamte Dauer des Vortrags sichtbar sein, bietet sich die Verwendung eines Flipchart an. Dies ist jedoch nur bei einer entsprechend kleinen Teilnehmerzahl sinnvoll, da die Schrift von allen Plätzen aus lesbar sein muss. Zeitliche Entwicklungen oder logische Abfolgen lassen sich gut durch vorbereitete Karten auf der Pinnwand darstellen. Die Karten werden dann parallel zum Vortrag angesteckt und erleichtern damit dem Zuhörer die Verfolgung der Prozesse. Auch diese Vorgehensweise ist nur bei entsprechend kleiner Zuhörerzahl sinnvoll. Bei längeren Präsentationen bewirkt die maßvolle Kombination verschiedener Medien bei den Teilnehmern eine erhöhte Aufmerksamkeit.

Gestaltungsregeln zur Mediennutzung

Für den Einsatz von Medien gibt es diverse Gestaltungsregeln, von denen an dieser Stelle nur die wichtigsten genannt werden sollen.

Lesbarkeit

Große und auch für die letzte Reihe gut leserliche Buchstaben. Es empfiehlt sich, das Querformat zu wählen und nur wenige Aspekte (etwa zwei bis vier) in entsprechender Zeichengröße aufzunehmen.

Einsatz der vier „Verständlichmacher"

Einfachheit (verständliche, kurze Sätze/Satzteile), Ordnung (Überschriften, optische Blöcke), Kürze (nur das Wesentliche, keine unerheblichen Details), Stimulanz (z. B. Farben, anschauliche Bilder/Grafiken)

Angemessener Einsatz

Die Medien sollen eine Präsentation unterstützen, aber nicht überfrachten. Der Präsentierende darf nicht Opfer seiner Medienmenge werden, um nicht den Kontakt zum Publikum zu verlieren.

Organisatorische Vorbereitungen

Auch bei Präsentationen steckt der Teufel stets im Detail. Wer für eine erfolgreiche Präsentation verantwortlich ist, muss vor allem vier Problembereiche im Blick haben:

- Organisation eines hinreichend großen Raumes mit ausreichender Bestuhlung zur vorgesehenen Zeit (ohne Störungen von außen)

- Kontrolle der Verfügbarkeit und Funktionstüchtigkeit eingeplanter Medien unter den Bedingungen vor Ort (z. B. Fragen der Stromversorgung, Verdunklung usw.)

- Einladungen der Teilnehmer, ggf. mit Wegbeschreibungen, Rückmeldebögen und Angaben zu Ansprechpartnern bei Rückfragen

- Zeitpunkt und Zusammenstellung des Catering wie Kaffee, Tee, Kuchen, Buffet

4.1.1.2 Empfehlungen zur Durchführung

Nonverbale Kommunikation

Einer amerikanischen Untersuchung zufolge sind bei der menschlichen Kommunikation 95 % einer Botschaft nonverbal[1]. Für eine Präsentation bedeutet das, dass die Zuhörer erheblich mehr Informationen aus Gestik, Mimik, Körperhaltung, Klang der Stimme sowie der Kleidung des Redners beziehen als aus dem Inhalt seiner Worte. Auch wenn diese Angabe in der Wissenschaft umstritten ist, so kann an dieser Stelle festgehalten werden, dass die nonverbale Kommunikation eine große Rolle für eine Präsentation spielt. Für die nonverbale Kommunikation sind verschiedene Aspekte von Bedeutung.

Blickkontakt
Blickkontakt zum Publikum ist für den Erfolg einer Präsentation entscheidend. Redner, die Blickkontakt vermeiden, indem sie überwiegend an die Leinwand oder über die Köpfe hinwegsehen, haben keinen Kontakt zu ihrem Publikum. Sie werden nicht ernst genommen, wirken unglaubwürdig und verlieren die Aufmerksamkeit ihrer Zuhörer.

Körperhaltung
Der Redner sollte mit einem Fußabstand von etwa 15 cm fest auftreten und das Körpergewicht auf beiden Beinen gleichmäßig verteilen. Dabei sollte er eine aufrechte Haltung einnehmen und stets dem Publikum zugewendet bleiben.

Gestik
Die Arme sollten nicht einfach herunterhängen, sondern zwischen Brust- und Gürtellinie verbleiben, dort aber für eine „automatische" Begleitung der verbalen Ausführungen bereitgehalten werden. Das Halten von Karteikarten oder eines Stiftes oder Pointers kann dabei behilflich sein. Die Hände sollten nicht in die Hosentasche gesteckt und die Arme nicht verschränkt werden.

Mimik
Grundsätzlich ist ein freundliches Lächeln, welches aber nicht maskenhaft wirken darf, hilfreich, denn es stimmt das Publikum freundlich ein. Wenn man nicht über die Mimik bewusst nachdenkt, begleitet sie automatisch, wie die Gestik, das gesprochene Wort. Sie darf ebenfalls Emotionen des Redners widerspiegeln.

Sprache

Hinsichtlich der verbalen Form der Präsentation sind bestimmte Regeln zu berücksichtigen:

Laut und deutlich
Der Redner sollte laut und deutlich und auch nicht zu schnell sprechen. Ungeübte Redner neigen zu hastiger Vortragsweise, die häufig dazu führt, dass das Publikum nicht mehr folgen kann.

Füllwörter vermeiden
Die meisten Menschen verwenden unbewusst Füllwörter wie „äh", „halt", „wie gesagt" usw. Diese gewöhnt man sich am besten ab, indem man sich einmal selbst auf einer Videoaufnahme bei einer Präsentation beobachtet.

---

[1]   *Mehrabian/Ferris: „Inference of Attitudes from Nonverbal Communication in Two Channels", in: The Journal of Consulting Psychology 31, S. 248–252*

Zielgruppenspezifisch

Der Redner sollte keine Worte wählen, die das Publikum nicht kennt. So besteht beispielsweise die Gefahr, dass ein Programmierer sein Produkt vorstellt, aber das Publikum, bestehend aus Sachbearbeitern, die die Software lediglich anwenden sollen, die Fachsprache nicht versteht.

4.1.2   Managen der Produktabnahme

Das fertige Projektergebnis wird zum vereinbarten Endtermin durch den Auftraggeber abgenommen. Um einen reibungslosen Ablauf der Abnahme für alle Beteiligten sicherzustellen, ist deren sorgfältige Vorbereitung durch den Projektleiter erforderlich. Er muss außerdem den Auftraggeber und die eingeplanten Teammitglieder rechtzeitig über Termin, Ort und Ablauf der Abnahme informieren, denn bei der Abnahme sind Auftraggeber und Auftragnehmer anwesend. Darüber hinaus müssen die betreffenden Projektmitarbeiter über ihre Aufgabe im Rahmen der Abnahme informiert werden.

Der Ablauf einer Abnahme ist abhängig von der Art des Projektergebnisses. So wird bei der Abnahme eines Neubaus eine Begehung mit dem Bauherrn vorgenommen, eine Software wird in der Regel gemeinsam mit dem Projektauftraggeber und dem Projektteam einem umfangreichen Testlauf unterzogen. Die Abnahme eines Projektergebnisses durchläuft im Kern folgende Stationen:

- Der Auftragnehmer stellt dem Auftraggeber das Projektergebnis/Produkt vor, der Auftraggeber prüft, ob das Endprodukt die vereinbarten Anforderungen erfüllt.

- Etwaige Mängel bzw. Abweichungen von vereinbarten Zielgrößen werden schriftlich dokumentiert.

- Es wird eine Liste von Nachbesserungsmaßnahmen erstellt.

- Auftragnehmer und Auftraggeber stimmen weitere Schritte ab.

- Begleitend wird ein Abnahmeprotokoll aufgesetzt und anschließend von beiden Vertragsparteien unterschrieben.

4.1.3   Einweisen in das Projektergebnis

Häufig kommen Projektergebnisse (Produkte) beim Kunden im Routinebetrieb zum Einsatz, wie etwa die für ein Unternehmen entwickelte Software. Zur Vermeidung von Fehlern, Beschädigungen und unnötigen Folgekosten ist es wichtig, dass die Mitarbeiter in die Bedienung und Anwendung dieser Produkte systematisch eingewiesen werden.

Bei leicht handhabbaren Produkten kann eine Einweisung des Auftraggebers durch die betreffenden Projektmitarbeiter erfolgen. Auch eine einfache Einweisung muss systematisch vorbereitet werden, um den Anwender nicht zu verwirren oder zu verärgern. Umfangreiche Einweisungen/Produktschulungen gehören in die Phase der Projektdurchführung und müssen als Arbeitspakete erfasst werden.

4.1.4   Leiten der Abschlussbesprechung

Die Abschlussbesprechung ist für die Projektleitung und alle Teammitglieder die letzte offizielle gemeinsame Dienstveranstaltung des Projektes. Folgende Tagesordnungspunkte sollten Gegenstand der Sitzung sein:

Berichterstattung zur Kundenzufriedenheit

Es bietet sich an, die Abschlussbesprechung mit der Bekanntgabe der Kundenzufriedenheit mit dem Projekt einzuleiten. Zu diesem Zweck muss der Projektleiter bereits im Vorfeld ein Feedback des Auftraggebers zum Projektergebnis und ggf. zum Projektverlauf eingeholt haben. Abhängig von der Zielsetzung der Feedbackrunde kann der Auftraggeber aber auch an dieser Stelle persönlich teilnehmen.

Reflexion und Feedback des Projektteams

Für die Durchführung von Projekten gilt in besonderem Maße, dass man aus Erfahrungen am besten lernt. Das betrifft gute wie schlechte Erfahrungen. Im internationalen Vergleich haben Deutsche jedoch überdurchschnittlich viel Probleme damit, Fehler zuzugeben: Eingestandene Fehler werden häufig als Schwäche oder Gesichtsverlust interpretiert, viele Manager sind daher auch nicht wirklich kritikfähig. Eine solche Grundhaltung steht einem konstruktiven Lernprozess im Weg.

Zweckmäßig ist in diesem Zusammenhang eine gemeinsame Reflexion mit einem gegenseitigen Feedback im Projektteam mit Projektleitung. Dabei geht es weder darum, seinen Ärger loszuwerden und seine Überlegenheit unter Beweis zu stellen, noch den Projektablauf zu beschönigen. Vielmehr geht es darum, den Projektverlauf aus Sicht der einzelnen Teammitglieder nachzuvollziehen und somit gute Ideen wie auch Fehlentwicklungen und Verbesserungsvorschläge besser verstehen zu können.

Die Feedbackrunde soll Antworten auf folgende Fragen liefern:

- In welchem Maße wurden die vereinbarten Ziele bzw. Teilziele hinsichtlich Zeit, Kosten und Qualität erreicht und wo wurden sie nicht erreicht bzw. auch „übererreicht"?
- Was waren die Gründe für das Nichterreichen von Zielen?
- Was lief in den Augen aller Beteiligten gut und was sollte verbessert werden?
- Was ist den Projektbeteiligten im Projektverlauf aufgefallen?
- Welche Empfehlungen würde das Projektteam für Folgeprojekte abgeben?

Die Dokumentation dieser Ergebnisse ermöglicht die Nutzbarmachung und Weitergabe wertvoller Projekterfahrungen und ist ein wichtiger Beitrag für das betriebliche Qualitätsmanagement.

Alle Projektbeteiligten können dieses Gespräch darüber hinaus nutzen, mögliche Konflikte aus einer anderen Perspektive wahrzunehmen und diese dann ggf. beizulegen.

Weiteres Vorgehen

Ausstehende Arbeiten
Für Ergänzungen, Nachbesserungen sowie Supportmaßnahmen im Rahmen des Projektes müssen geplante organisatorische wie personelle Maßnahmen umgesetzt werden.

Neue Aufgabengebiete für die Mitarbeiter
An dieser Stelle können Perspektiven für die Mitarbeiter, deren Arbeit im Rahmen des Projektes vollständig abgeschlossen ist, besprochen werden. Grundsätzlich bestehen die Alternativen in der Rückführung in die ursprüngliche oder eine neue Abteilung oder im Einsatz in anderen Projekten.

Planung Abschlussfeier
Nach langer und i. d. R. intensiver Zusammenarbeit sollte die letzte gemeinsame Veranstaltung in geselliger Form stattfinden.

Abschlussbericht
Der Projektleiter wird anschließend den Abschlussbericht erstellen. Er kann zu diesem Zeitpunkt darauf hinweisen, inwiefern der Bericht zugänglich sein wird bzw. welche alternativen Möglichkeiten bestehen, über den Projektabschluss informiert zu werden (siehe Abschnitt 4.1.5).

Die Abschlussbesprechung ist ein wichtiges Instrument, um Erfahrungen, die im Rahmen des Projektes gesammelt wurden, zu benennen und zu bündeln. Damit diese wertvollen Erfahrungen nicht verloren gehen, ist die Protokollierung dieser Besprechung von großer Bedeutung.

4.1.5   Verfassen des Abschlussberichts

Der Projektabschlussbericht des Projektleiters ist das letzte Dokument der Projektdokumentation. Er wird gemeinsam mit dem Projektordner archiviert und umfasst insgesamt folgende Aspekte:

- **Projektauftrag:** Zum Projektauftrag gehört das Lastenheft und ggf. der damit verbundene Schriftverkehr mit dem Auftraggeber.

- **Planungsunterlagen:** Dazu gehören hauptsächlich der Projektstrukturplan, die Vorgangsliste, der Projektablaufplan, der Kapazitätsplan, der Kostenplan sowie der Qualitätsplan.

- **Bestandsaufnahme Zielerreichung:** Ein Soll-Ist-Vergleich soll den tatsächlichen Zielerreichungsgrad hinsichtlich der Dimensionen Produktqualität, Zeiteinhaltung sowie Projektkosten erfassen.

- **Abweichungsanalyse:** In dieser Analyse werden die Gründe für die einzelnen Soll-Ist-Abweichungen benannt. Diese greifen auf die Erfahrungen des Projektleiters sowie die gesamte Projektdokumentation zurück. Eine große Rolle spielen in diesem Zusammenhang die Ergebnisse der Feedbackrunden.

- **Abgeleitete Empfehlungen:** Diese lassen sich aus der Abweichungsanalyse ableiten und betreffen die Soll-Ist-Differenzen.

- **Weitere Empfehlungen für zukünftige Projekte:** Empfehlungen anderer Art, die aus den Projekterfahrungen abzuleiten sind.

- **Nachkalkulation:** Der Projektleiter muss für jedes Arbeitspaket nachweisen, welche Projektmittel für welche Zwecke aufgewendet wurden. Die Summe der einzelnen Posten ergibt die Projektgesamtkosten, die im Idealfall das Projektbudget nicht übersteigen.

- **Ansprechpartner:** Für weitere Rückfragen, die sich aus dem Projekt ergeben können, werden schließlich die betreffenden Ansprechpartner benannt. Das können beispielsweise Rückfragen des Kunden zur Produktdokumentation oder der Unternehmensleitung zur Verwendung der Projektmittel sein.

Etwa zeitgleich mit der Abgabe des Abschlussberichts erfolgt nun die offizielle Teamauflösung mit der damit verbundenen Überführung der Projektmitarbeiter in neue Aufgabengebiete.

Ausgenommen von dieser Maßnahme sind Projektmitarbeiter, die für Anschlussarbeiten im Projekt verbleiben sollen.

4.1.6   Auflösen des Projektteams

Etwa zeitgleich mit der Abgabe des Abschlussberichts erfolgt nun die offizielle Teamauflösung mit der damit verbundenen Überführung der Projektmitarbeiter in neue Aufgabengebiete.

Ausgenommen von dieser Maßnahme sind Projektmitarbeiter, die für Anschlussarbeiten im Projekt verbleiben sollen.

4.2   Praxisfall RIPOS-Projekt

Abschlusspräsentationen

Herr Bertram wird gebeten, das Projekt hausintern vorzustellen: Zielgruppe der Präsentation sind die Geschäftsführung sowie Verantwortungsträger aus allen Abteilungen, die von den Erfahrungen des Projektteams aus dem Projektverlauf lernen sollen. Die Geschäftsführung beabsichtigt, mit dieser Präsentation eine systematische und professionelle Projektabwicklung mithilfe eines schlanken Projektmanagements für alle zukünftigen Projekte zu fördern, denn immer noch verlaufen zu viele Projekte im Hause Meier zu chaotisch.

Herr Bertram entwickelt mit Blick auf diese Zielsetzung folgende Gliederungspunkte seiner Präsentation, welche er auf einen gut sichtbaren Flipchartbogen schreibt:

Checkliste: Inhalt der Präsentation

✓ Projektanlass und Entstehung Projektauftrag

✓ Projektplanung

✓ Stärken und Schwächen unseres Vorgehens

✓ Schlussfolgerungen und Empfehlungen

✓ Fragen

Herr Bertram entscheidet sich damit, mutig auch die Schwächen des Projektverlaufes herauszustellen. Damit beabsichtigt er, durch ein ehrliches Vorgehen ein Klima des Vertrauens zu schaffen, in dem das Publikum ermutigt wird, fundierte Fragen zu stellen und Beiträge zu liefern, die für den gesamten Betrieb nützlich sind.

In der Einleitung seiner Präsentation hören wir Herrn Bertram folgende Worte sagen:

„Guten Morgen, meine Damen und Herren. Mein Name ist Bertram, ich bin Leiter des soeben abgeschlossenen RIPOS-Projektes, welches zugleich Thema meiner Präsentation ist. In diesem Projekt haben wir eine völlig neue Website für unser Unternehmen entwickelt, welche jedoch nicht Gegenstand dieser Präsentation ist. Vielmehr möchte ich Ihnen in den nächsten zwanzig Minuten die Gelegenheit geben, möglichst viel aus unserem Projekt zu lernen. Dazu möchte ich folgendermaßen vorgehen: Zuerst informiere ich Sie darüber, warum der Webauftritt erneuert werden sollte und wie unser Projektauftrag entstanden ist. In einem zweiten Schritt stelle ich Ihnen die einzelnen Planungsschritte und die jeweiligen Teilpläne vor. Dann komme ich zum Schwerpunkt dieser Präsentation: Ich stelle Ihnen alle Stärken und Schwächen unseres Projektes vor und leite anschließend entsprechende Schlussfolgerungen und Empfehlungen ab, von denen Sie aus unserer Sicht profitieren können. Abschließend kommen wir nach einer kurzen Pause zum Fragenteil und ich bitte Sie, tatsächlich all Ihre Fragen an uns zu richten. Sie brauchen nichts mitzuschreiben, diese Folien erhalten Sie als Handout am Ende der Präsentation. Ich möchte mit einer Managerweisheit beginnen, die lautet: ‚Ist ein Problem erst mal definiert, so ist es schon halb gelöst!'" (usw.)

In den folgenden Tagen folgen weitere Präsentationen dieses Projekts mit anderen Schwerpunkten für ganz andere Zielgruppen:

- Eine Präsentation der technischen Lösungen in der IT-Abteilung der Meier Möbelwerke GmbH
- Eine Präsentation der Detailabrechnung gegenüber der Geschäftsführung der Meier Möbelwerke GmbH
- Eine Präsentation zum Thema „Projektmanagement bei der Meier GmbH" in der Fachhochschule Dortmund

Abnahme des Projektergebnisses

Um die fertige Website abzunehmen, haben sich fünf Marketing- und Vertriebsmitarbeiter typische praxisnahe Anwendungsfälle und fehlerhafte Kundeneingaben überlegt, wie etwa die Eingabe fehlerhafter Kreditkartennummern oder den Abbruch eines Bestellungs- und Zahlungsvorgangs. Aus Sicht der Anwender prüfen sie nun zahlreiche Funktionen und suchen diverse Informationen auf. Um zu gewährleisten, dass diese „Testpersonen" tatsächlich unvoreingenommen die Site prüfen, waren sie nicht in die Entwicklungsarbeiten einbezogen. Diese Testanwendungen werden über zwei ganze Werktage durchgeführt. Sobald fehlerhafte oder unbefriedigende Funktionen bemerkt werden, werden diese in einem „Abnahmeprotokoll" dokumentiert. Auf Grundlage des Abnahmeprotokolls bespricht Projektleiter Bertram mit seinem Auftraggeber, welche Mängel in welcher Zeit behoben werden und wann und wie die Behebung dieser Mängel abschließend überprüft werden soll.

Einführung in das Projektergebnis

Die Einführung in das Projektergebnis wurde in diesem Projekt als Arbeitspaket definiert. Im Rahmen dieses Arbeitspaketes werden Schulungsmaterialien und eine Bedienungsanleitung in Kurzform erstellt sowie eine eintägige Schulung für je zwei Mitarbeiter aus den Bereichen Vertrieb und Einkauf/Logistik durchgeführt. Die Schulungsmaterialien sind so gestaltet, dass wiederum die Mitarbeiter ihre Kenntnisse an Dritte weitergeben können. Die Bedienungsanleitung ist so gestaltet, dass sie nur typische alltägliche Anwenderfragen strukturiert beantwortet.

Abschlussbesprechung

Herr Bertram lädt das gesamte Projektteam sowie den Auftraggeber Herrn Schmidt ein, um wichtige Tagesordnungspunkte (TOPs) abzuarbeiten:

Feedback Auftraggeber
Der Auftraggeber, Herr Schmidt, bedankt sich beim Team für die hervorragende Arbeit und erzählt einige Anekdoten zum Projekt aus Auftraggebersicht wie etwa, dass man gelegentlich die Sorge hatte, das Projekt würde nicht rechtzeitig fertig werden. Man freue sich, dass die Meier Möbelwerke nun zukünftig professionell im Internet vertreten seien und so auch überregionale Märkte erschließen könnten. Im Anschluss an seine Dankesworte verlässt Herr Schmidt die Besprechung. Das war im Vorfeld mit ihm so vereinbart, damit die weiteren Tagesordnungspunkte ohne Zuhörer offen und ehrlich diskutiert werden können.

Reflexion und Feedback im Projektteam
Insgesamt sind Projektleiter und Projektteam zufrieden mit dem Projektverlauf. Alle Projektziele konnten erreicht werden. Besonders zufrieden war das Team mit der Transparenz, die das ganze Projekt begleitete: Durch die stets verfügbaren Zeitpläne konnte jederzeit nachvollzogen werden, wann was zu tun war. Auch das Infosystem hat sich sehr bewährt. Eine durchgehende Kritik besteht jedoch darin, dass die Schätzung des Zeitaufwandes mehrerer Arbeitspakete unrealistisch war. Herr Bertram macht den Vorschlag, dass bei zukünftigen Projekten die Arbeitspaketverantwortlichen in die Zeitplanung einbezogen werden.

Weiteres Vorgehen
Herr Schiebel steht in den nächsten Wochen für weitere Fragen als Ansprechpartner zur Verfügung. Mögliche Nachbesserungsmaßnahmen werden über Herrn Bertram koordiniert. Alle Teammitglieder kehren in ihre Fachabteilungen zurück. Die Geschäftsführung hat das gesamte Team im Parkhotel zum Essen eingeladen. Dort soll das Projekt bei gutem Wein in geselliger Runde endgültig abgeschlossen werden.

Abschlussbericht
Herr Bertram weist darauf hin, dass er selbst den Abschlussbericht bis zum Ende des Monats erstellen wird. Er wird als Datei im Intranet sowie als Ordner in der IT-Abteilung für alle Mitarbeiter einsehbar sein. Inhalt und Aufbau des Abschlussberichts sind folgendermaßen geplant:

Abschlussbericht

Der Abschlussbericht wird als Datei im Intranet der Meier Möbelwerke GmbH sowie in Form eines Ordners in der IT-Abteilung abgestellt und ist folgendermaßen aufgebaut:

- Projektdefinition
  - Schriftverkehr im Vorfeld
  - Projektauftrag mit Lasten- und Pflichtenheft
  - Projektorganisation im Überblick

- Projektplanung
  - Projektstrukturplan
  - Arbeitspaketbeschreibungen
  - Projektablaufpläne (erste und letzte Version)
  - Ressourcen- und Kostenpläne
  - Qualitätsplan

- Dokumentation
  - Sitzungsprotokolle
  - Berichte
  - Produktdokumentation

- Reflexion und Schlussfolgerungen
  - Bestandsaufnahme der Projektzielerreichung
  - Abweichungsanalyse bei nicht erreichten Projektzielen
  - Feedback aus dem Projektteam
  - Abgeleitete Empfehlungen

- Abrechnung

- Ansprechpartner

Teamauflösung

Nach einem gemeinsamen Essen im Parkhotel kehren alle Projektmitarbeiter in ihre Fachabteilungen zurück. Die externen Berater werden in neuen Projekten in anderen Unternehmen eingesetzt.

4.3   Praxistipps für die Projektleitung

Tipp Nr. 1: Die Abnahme aller Leistungen schriftlich festhalten

Der Auftragnehmer sollte sich die Abnahme sämtlicher Leistungen konsequent dokumentieren lassen, um sicherzustellen, dass die Abnahme zu einem späteren Zeitpunkt vom Auftraggeber nicht infrage gestellt werden kann. Das gilt insbesondere für die Abnahme der Test-Checkliste.

Tipp Nr. 2: Wichtige Dateien archivieren

In jedem IT-Projekt werden viele Dokumente und Teilprodukte entwickelt. Zum Abschluss des Projekts sollte ein gut strukturiertes Archiv eingerichtet und alle Dateien (z. B. Installationsdateien, die zu einem späteren Zeitpunkt noch benötigt werden könnten) wieder auffindbar abgelegt werden. In diesem Zusammenhang sind alle Verzeichnisse „aufzuräumen" und Datei für Datei zu prüfen, welche noch gebraucht werden könnten und welche nicht. Die Projektleitung sollte dabei dem verbreiteten Problem entgegenwirken, dass sich diese Aufräumarbeiten zu lange hinziehen.

Tipp Nr. 3: Technisches Know-how sichern

In den meisten IT-Projekten wird im Rahmen von Entwicklungsarbeiten wertvolles technisches Know-how erworben. Dieses Know-how kann für das Überleben des Unternehmens im Wettbewerb von erheblicher Bedeutung sein. Im Sinne eines modernen Wissensmanagements sollte dieses Know-how systematisch dokumentiert und für zukünftige Projekte bereitgestellt werden.

Tipp Nr. 4: Abschlussgespräch: Die richtigen Fragen stellen

Das Projektabschlussgespräch ist die große Chance, aus der Vielzahl der Erfahrungen dazuzulernen. Im Rahmen einer systematischen Reflexion wird daher neben der Frage „Was lief gut" häufig auch die Frage „Was lief schlecht" gestellt. Diese Frage sollte jedoch vermieden werden, denn sie fördert eine ungewollte negative Stimmung im Team. Bewährt hat sich hingegen die Frage „Was könnten wir verbessern?", denn sie lenkt das Gespräch automatisch in eine konstruktive Richtung.

Tipp Nr. 5: Abschlusspräsentation: Zielgruppe beachten

Bei Abschluss des Projekts finden häufig Abschlusspräsentationen auch vor Nichtfachleuten statt. In diesen Präsentationen neigen viele IT-Spezialisten dazu, ihr Publikum zu überfordern – vor allem, indem sie Fachbegriffe verwenden bzw. fachliches Hintergrundwissen voraussetzen. Die Inhalte einer solchen Präsentation können die fachlich nicht vorgebildeten Teilnehmer kaum verstehen. Der Präsentierende sollte sich daher vor Erstellung der Präsentation vor Augen führen, welche Vorkenntnisse die Zielgruppe mitbringt.

4.4   Übungsaufgaben

1.   Welche Interessen aller am Projekt beteiligten Interessengruppen sind im Rahmen der Abschlussphase zu berücksichtigen? Fragen Sie sich dazu, wie ein Projekt ohne Abschluss aufgenommen werden würde.

2.   Gestalten Sie in Gruppenarbeit einen Bewertungsbogen zur Bewertung von Abschlusspräsentationen. Dieser Bogen soll die Vorbereitung und die Umsetzung umfassen.

3.   *Unterrichtsprojekt „EDV-Raum-Einrichtung" – Teil 4:* Nach erfolgreicher Durchführung sollen die Erfahrungen, die in diesem Projekt gemacht worden sind, anderen Schülern zugänglich gemacht werden. Zu diesem Zweck sind eine Präsentation des Projektverlaufs, eine Abschlussbesprechung in der Klasse sowie ein Abschlussbericht vorgesehen.

   a)   Wie könnte eine Präsentation zum Projektverlauf für andere Klassen aussehen? Machen Sie Vorschläge zu Aufbau und Inhalt einer solchen Präsentation.

   b)   Erstellen Sie ein Konzept für eine Abschlussbesprechung mit Feedbackrunde, in der möglichst viele Erfahrungen aller Beteiligten gesammelt und für alle sichtbar dokumentiert werden. Das Konzept soll Ablauf, Inhalt und eingesetzte Medien umfassen.

   c)   Erstellen Sie ein Inhaltsverzeichnis für den Abschlussberichts-Ordner.

   d)   Überlegen Sie, wer möglicherweise welche Interessen im Laufe des Projekts an Sie heranträgt und welche Maßnahmen in der Abschlussphase dazu nötig sein könnten.

Gehen Sie bei der Bearbeitung der nachfolgend aufgeführten Gruppen- sowie Klassenprojekte in folgenden Schritten vor:

Vorbereitung

1. Lassen Sie sich vom Lehrer mitteilen, wie viel Zeit Ihnen für das Projekt zur Verfügung steht. Diese Information ist sehr wichtig für Ihre Planung.

2. Bilden Sie Teams mit 4–5 Mitgliedern. Die Teamzusammensetzung soll für die Dauer des Projektes nicht geändert werden.

3. Bestimmen Sie bei den Gruppenprojekten aus Ihrem Team heraus einen Projektleiter.

Projektdefinition

1. Erstellen Sie einen Projektauftrag. Erheben Sie dazu in einem sorgfältig vorbereiteten Gespräch ggf. weiter gehende Anforderungen Ihres Auftraggebers. Erstellen Sie ein Lastenheft als Anlage. Ihr Lehrer zeichnet als Auftraggeber den ausgefüllten Projektauftrag gegen.

2. Bereiten Sie das Kick-Off-Meeting vor und führen Sie es durch (Checkliste zum Kick-Off-Meeting siehe Anhang).

Projektplanung

Entwickeln Sie systematisch die folgenden Pläne:

- Projektstrukturplan
- Projektablaufplan
- Kapazitätsplan
- Kostenplan
- Qualitätsplan

Projektrealisierung

1. Führen Sie Ihr Projekt nach den vereinbarten Plänen durch. Sichern Sie die termin- und anforderungsgerechte Produkterstellung.

2. Fassen Sie den Projektverlauf wochenweise in Ergebnisprotokollen (Formular „Wochenbericht" siehe Anhang) zusammen. Diese sollen zwar keine Details enthalten, aber für Außenstehende durchgehend nachvollziehbar sein.

Projektabschluss

Reflektieren Sie abschließend Ihr Projekt gemeinsam mit der Klasse. Fassen Sie Ihre Erfahrungen in einem Abschlussbericht zusammen.

1   Entwicklung einer Datenbank

1.1   Ausgangssituation: Projektanlass

Der CD-Versandhandel „CD-Express" besteht seit nun zwei Jahren und konnte seit Unternehmensgründung ein stetig wachsendes Umsatzvolumen verzeichnen. Der Vertrieb ist so organisiert, dass der Kundenstamm in regelmäßigen Abständen per Katalog über das CD-Angebot informiert wird. Potenzielle Neukunden werden durch Anzeigen in Zeitschriften auf den Katalog, der schriftlich oder telefonisch angefordert werden kann, aufmerksam gemacht. Die Bestellungen erfolgen entweder über Bestellkarten, die der Kunde ausfüllt und zusendet, oder telefonisch, wobei die Bestellung in handschriftlichen Gesprächsnotizen aufgenommen wird.

Eingegangene Bestellkarten und Gesprächsnotizen werden an den Versand weitergeleitet. Hier werden – auch wieder handschriftlich – die Versandpapiere einschl. Lieferschein erstellt und die Waren für den Versand vorbereitet. Falls eine bestellte Position nicht oder nicht in ausreichender Menge vorrätig ist, wird dies auf dem Lieferschein vermerkt. Der Lieferschein wird nun an das Rechnungswesen weitergeleitet, wo die Rechnung mit der Information über nicht lieferbare Ware erstellt wird. Die Rechnungserstellung erfolgt mit PCs unter Nutzung einer Textverarbeitungssoftware. Die Rechnung wird an den Versand weitergeleitet, der Ware beigelegt und beides an den Kunden geschickt.

Obwohl für die Auftragsannahme schon zusätzlich Personal eingestellt wurde, beschweren sich die Kunden immer wieder über die schlechte telefonische Erreichbarkeit des „CD-Express". Beobachtungen der telefonischen Bestellannahme führen zu der Feststellung, dass viel Zeit durch die manuelle Aufzeichnung aufgewendet wird. Zwar liegen die Kundendaten auf Karteikarten vor, sodass der Kunde sie nicht bei jeder Bestellung erneut angeben muss. Jedoch muss der Sachbearbeiter die Kundenkarte aus der zentralen Ablage holen und die Daten auf den Lieferschein übertragen. Außerdem wüssten viele Kunden gerne bereits zum Zeitpunkt der Bestellung, ob eine CD lieferbar ist oder nicht.

Die Geschäftsleitung erkennt, dass es so nicht weitergehen kann, und entscheidet die grundsätzliche Neugestaltung der Abwicklung der Vorgänge. Sie möchte in diesem Zusammenhang die aufgetretenen Probleme beseitigen, aber auch die Chance zur Verbesserung sowohl des Kundenservice als auch der Produktivität der Mitarbeiter nutzen.

Gemeinsam mit den Mitarbeitern werden die Anforderungen an ein neues DV-System formuliert. Mit dieser Liste wendet sich nun die Geschäftsleitung des „CD-Express" an das Unternehmen „Data-Soft GmbH", das sich auf die Entwicklung von Datenbankanwendungen spezialisiert hat.

1.2   Anforderungsliste

1.2.1   Aufgaben der Datenbank

- Erfassung von Neukunden
- Unterscheidung der Kunden nach Endverbraucher und Zwischenhändler
- Erfassung der Artikel

- Erfassung von Warenzugängen
- Erfassung der Bestellungen
- Erfassung von Warenabgängen
- Erstellung der Rechnung
- Zwischenhändler erhalten auf alle ausgelieferten Waren 25 % Rabatt.
- Bei einem Netto-Warenwert unter 100,00 EUR werden pauschal 5,00 EUR Versandgebühren berechnet, die umsatzsteuerpflichtig sind.
- Ausdruck der Rechnung
- Ausdruck von Geburtstagsgrüßen an die Kunden (Versand fünf Tage vor dem Geburtstag)
- Ausdruck von Etiketten zum Versand von Werbeprospekten
  - an alle Kunden
  - nur an Zwischenhändler
  - an Kunden in bestimmten Postleitzahlgebieten (entscheidend ist die 1. Ziffer der Postleitzahl)
- Erstellung monatlicher Umsatzstatistiken
- Umsatz gesamt
- Umsatz Endverbraucher
- Umsatz Zwischenhändler
- Artikelabsatz je CD, sortiert nach Absatzmenge

1.2.2   Sonstige Anforderungen

- einfache Benutzerführung durch menügesteuerte Oberfläche und Befehlsschaltflächen
- ergonomisch gestaltete Formulare und Eingabehilfen
- Übersichtlichkeit
- Suchhilfe bei Altkunden
- Suchhilfe bei Artikeln
- Reduktion notwendiger Eingaben auf ein Minimum
- weitgehende Absicherung von Eingabefehlern
- Anwender benötigt keine Kenntnis zu Access
- vollständige Dokumentation zur späteren Weiterentwicklung der Anwendung
- fehlerfreier Betrieb nach Systemimplementierung

1.3   Auftragsbedingungen

- Nutzung von Access als Datenbanksoftware
- Die Eignung der vorhandenen Rechnersysteme ist gegeben. Aspekte der Hardware müssen also nicht weiter berücksichtigt werden.

2   Schulung einer Klasse zum Thema „Hardware des PC"

2.1   Ausgangssituation: Projektanlass

Aus organisatorischen Gründen ist es an Schulen häufig kaum realisierbar, dass alle Schülerinnen und Schüler, die im Unterricht das Thema „Hardware des PC" im Unterricht behandeln, die Möglichkeit bekommen, das reale Innenleben eines PC kennenzulernen und die Komponenten selbst auseinander- und wieder zusammenzubauen. Aus diesem Grunde sollen Sie für Schülerinnen und Schüler solcher Schulformen eine Schulung zum Thema „Hardware des PC" planen, vorbereiten, durchführen und den Lernerfolg auswerten. Die betreffenden Schüler sollen alle wichtigen Komponenten des PC und ihre Funktion beschreiben können. Außerdem sollen sie einen PC zerlegen und so zusammenbauen können, dass er anschließend wieder funktionstüchtig ist.

2.2   Anforderungsliste

- Für die Schulung wird ein Schulungskonzept erstellt. Dieses beinhaltet:
  - sämtliche Lernziele
  - die Begründung, welche PC-Komponenten als wichtig erachtet werden
  - die ausgehändigten Schulungsunterlagen einschließlich einer Gebrauchsanweisung, mit der es möglich ist, das Gerät auch zu einem späteren Zeitpunkt auseinander- und wieder zusammenzubauen
  - einen genauen Ablaufplan der Schulung mit den einzelnen Lernschritten

- Die Schulung berücksichtigt, dass viele der Teilnehmer keine Vorkenntnisse mitbringen.

- Es sollen Maßnahmen geplant werden, um fortgeschrittene Teilnehmer nicht zu „rivalisierender Besserwisserei" zu animieren.

- Für die Schulung wird ein Test zur Lernerfolgskontrolle entwickelt.

- Der Test wird am Ende der Schulung durchgeführt.

- Die fertigen Tests werden ausgewertet und die Ergebnisse dokumentiert.

2.3   Auftragsbedingungen

Klären Sie folgende Auftragsbedingungen genau ab:

- Die Schulung soll an einem Wochentag nach dem Unterricht stattfinden und ? Stunden dauern.

- Es stehen ? PCs zur Verfügung.

- Es steht der Raum ? zur Verfügung.

- Insgesamt sollen ? Teilnehmer geschult werden.

- Es stehen ? Steckdosen zur Verfügung.

Arbeitspaket

(engl. = workpackage)
kleinste, nicht weiter zerlegte Tätigkeitseinheit eines → Projektstrukturplans, die in sich
steuerbar und kontrollierbar ist und einem
Verantwortungsträger zugeordnet werden
kann.

Auftraggeber

(engl. = customer)
der Vertragspartner, der das Projekt in
Auftrag gibt. Bei externen Projekten ist das
der Kunde eines Unternehmens, bei
internen Projekten handelt es sich dabei um
eine Unternehmenseinheit oder auch die
Unternehmensleitung.

Balkendiagramm

(engl. = bar chart)
Variante des → Projektablaufplans, der in
übersichtlicher Form Arbeitspakete als
Balken darstellt.

Berichtswesen

(engl. = reporting)
Summe der Berichte aus der → Projektdokumentation.

Bottom-up

Methode zur Erstellung eines → Projektstrukturplans. In einem ersten Schritt
werden die Arbeitspakete ermittelt und in
einem zweiten Schritt zu Gruppen zusammengefasst. Die Struktur wird von unten
nach oben erarbeitet. Gegenteil: → Topdown.

Fachkonzept

(engl. = business model)
Beschreibung fachlicher Funktionen, Daten
und Abläufe und ggf. Anforderungen.

Informationsmanagement

(engl. = information management)
Management des Produktionsfaktors
„Information", insbesondere die Beschaffung und sachgerechte Bereitstellung
relevanter Informationen.

Informationssystem

(engl. = information system)
im Rahmen der Projektorganisation einzurichtendes System, das festlegt, auf welche
Weise Informationen (z. B. Sitzungsprotokolle, Statusberichte usw.) an die entsprechenden Adressaten gelangen bzw.
bereitgestellt werden. Beispiel: Einrichtung
eines Verteilers oder DV-gestützten Informationssystems.

Ist-Analyse (Ist-Aufnahme)

(engl. = actual analysis)
ausführliche Bestandsaufnahme der Ausgangssituation im Rahmen der Problembeschreibung.

Kapazitätsplan

(engl. = resource plan)
Teilplan der → Projektplanung, welcher
festlegt, zu welchem Zeitpunkt welche
→ Ressourcen in welcher Menge an
welchem Ort bereitgestellt werden müssen.

Kick-Off-Meeting

erstes offizielles Treffen des gesamten
Projektteams, in dem die Bedingungen des
Projekts vorgestellt werden. Es findet i. d. R.
nach Erteilung des Projektauftrags statt.

Kostenplan

(engl. = cost plan)
Teilplan der → Projektplanung, in der die geplanten Kosten des Projekts ermittelt werden. Dieses geschieht z. B. durch die Multiplikation der Summe der geplanten Kapazitätsmengen mit deren Verrechnungssätzen.

Kritischer Weg

(engl. = critical path, auch: kritischer Pfad)
Kette der Arbeitspakete, die keine Puffer aufweisen. Verzögert sich die Ausführung eines der Arbeitspakete auf dem kritischen Weg, wird der Projektendtermin, falls keine weiteren Maßnahmen getroffen werden, entsprechend verschoben. Er wird grafisch im → Netzplan dargestellt.

Lastenheft

(engl. = requirement specifications)
gemäß DIN 69901-5 die „vom Auftraggeber festgelegte Gesamtheit der Forderungen an die Lieferungen und Leistungen eines Auftragnehmers innerhalb eines (Projekt) Auftrags". Der wichtigste Inhalt des Lastenheftes sind die Kundenanforderungen an das Produkt.

Meilenstein

(engl. = milestone)
gemäß DIN 69900 ist der Meilenstein ein Schlüsselereignis (Ereignis von besonderer Bedeutung) in einem Projekt. In der Regel wird zu einem Meilenstein ein Zwischenergebnis abgenommen. Projekte werden durch Meilensteine in Abschnitte zergliedert.

Netzplan

(engl. = network plan)
Variante des → Projektablaufplans, der zeitliche Abhängigkeiten von Vorgängen, → Puffer und den → kritischen Weg des Projekts ermittelt und visualisiert.

Pflichtenheft

(engl. = fine specifications)
gemäß DIN 69901-5 das „vom Auftragnehmer erarbeitete Realisierungsvorhaben auf der Basis des vom Auftraggeber vorgegebenen Lastenheftes". Es enthält einen Entwurf für ein technisches Lösungskonzept. Mit anderen Worten: Das → Lastenheft des Auftraggebers (Kundenansprüche) wird in ein Pflichtenheft des Auftragnehmers (technische Umsetzung) übersetzt. Dieses wird vom Projektteam bis zum Ende der Planungsphase erstellt.

Projekt

(engl. = project)
Gemäß DIN 69901-5 ein „Vorhaben, das im Wesentlichen durch Einmaligkeit der Bedingungen in ihrer Gesamtheit gekennzeichnet ist – BEISPIEL Zielvorgabe, zeitliche, finanzielle, personelle oder andere Begrenzungen, projektspezifische Organisation".

Projektantrag

(engl. = project request)
Antrag einer Abteilung eines Unternehmens an eine höhere entscheidungsbefugte Stelle, ein internes Projekt durchführen zu können. Inhaltlich entspricht der Projektantrag dem → Projektauftrag.

Projektablaufplan (PAP)

(engl. = project schedule)
Teilplan der Projektplanung zur Ablauf- und Terminplanung des Projektes. Er kann als → Balkendiagramm oder als → Netzplan gestaltet werden.

Projektauftrag

(engl. = project charter)
rechtsverbindlicher Auftrag, ein Projekt durchzuführen. Er enthält unter anderem die → Projektziele. Bei umfangreichen Projekten sind die Sachziele in einem → Lastenheft ausdifferenziert.

Projektbudget
(engl. = project budget)
der für die Realisierung eines Projekts zur
Verfügung gestellte finanzielle Betrag. Die
→ Projektkosten dürfen das Budget nicht
überschreiten.

Projektcontrolling
(engl. = project control)
Überwachung von Vorgängen zur rechtzeiti-
gen Einleitung von Korrekturmaßnahmen.
Das Projektcontrolling unterstützt die
→ Projektsteuerung.

Projektdokumentation
(engl. = project documentation)
Gesamtheit aller im Laufe eines Projekts
erstellten Dokumente (z. B. → Projektauftrag, Projektpläne, Sitzungsprotokolle,
technische Zeichnungen, Programmcodes).

Projektinformationssystem
(engl. = project information system)
Informationssystem

Projektkosten
(engl. = project costs)
Kosten, die durch die Summe der einzelnen
→ Arbeitspakete verursacht werden.
Im Projektauftrag werden entsprechende
Kostenziele festgelegt.

Projektleitung
(engl. = project leader)
die Person, die das Projekt selbstständig und
weisungsbefugt leitet, steuert und die
gesamte Verantwortung für das Erreichen
der Projektziele trägt. Projektleiter müssen
ein hohes Maß an fachlicher, methodischer
und sozialer Kompetenz aufweisen.

Projektmanagement
(engl. = project management)
zielorientierte Vorbereitung, Planung,
Steuerung, Dokumentation und Überwachung von Projekten mithilfe spezifischer
→ Projektmanagementinstrumente.

Projektmanagementinstrumente
(engl. = instruments of project
management)
Werkzeuge, die das Projektmanagement zur
Durchführung von Projekten einsetzt, z. B.
→ Projektstrukturplan, → Statusbericht usw.

Projektordner
(engl. = project file)
Ordner, in dem sämtliche Dokumente, die
das Projekt betreffen, in entsprechenden
Unterordnern abgelegt sind.

Projektorganisation
(engl. = project organization)
die Integration des Projektmanagements in
das Unternehmen (Projektkoordination,
Projektmatrixorganisation und Projektorganisation) sowie die Einrichtung von Projektleitung, -team, -infrastruktur und
Informationssystem.

Projektphasen
(engl. = project phases)
je nach Modell unterschiedlich definierte
Teilabschnitte eines Projekts. Beispiele:
Definition, Planung, Durchführung,
Abschluss oder: Analyse, Konzept, Entwicklung, Realisierung, Test.

Projektplanung
(engl. project planning)
die zweite → Phase von vier Projektphasen.
Die Planung besteht aus einem → Projektstrukturplan, einem → Projektablaufplan,
dem → Kapazitätsplan, dem → Kostenplan
und dem → Qualitätsplan.

Projektsteuerung
(engl. project control)
die durch die Projektleitung vollzogene
zielgerichtete Lenkung des Projektverlaufs,
sie wird durch das → Projektcontrolling
unterstützt.

Projektstrukturplan (PSP)

(engl. = work breakdown structure „wbs")
Teilplan der Projektplanung, welcher
sämtliche → Arbeitspakete in einer strukturierten Übersicht erfasst und das Projekt
damit in Tätigkeitsbereiche zerlegt.

Projektziele

(engl. project targets)
im → Projektauftrag und → im Lastenheft
festgelegte Anforderungen an das Projekt.
Man unterscheidet Sach-, Zeit- und Kostenziele.

Puffer

(engl. = float)
Zeitreserve, Begriff aus der → Netzplantechnik.

Ressourcen

(engl. = resource) (frz.)
Hilfsquelle, Reserve. Personen oder Sachmittel, die für die Projektarbeit benötigt
werden und im → Kapazitätsplan erfasst
werden müssen.

Statusbericht

(engl. = project status report)
periodisch erstellter Bericht zum Projektverlauf. Er ist Teil der → Projektdokumentation.

To-dos

die im Rahmen einer Arbeitssitzung zu
vereinbarenden Maßnahmen („Wer macht
was bis wann?").

Top-Down

Methode zur Erstellung eines → Projektstrukturplans. Ausgehend von vorgesehenen
Teilprojekten werden die entsprechenden
Arbeitspakete (von oben nach unten)
abgeleitet. Gegenteil: → Bottom-up.

Vorgang

(engl. activity)
Vorgänge sind die kleinsten Einheiten im
Termin- und Ablaufplan. Sie können
identisch sein mit einem → Arbeitspaket,
Arbeitspakete können aber auch in mehrere
Vorgänge zerlegt werden.

Vorgangsknoten

(engl. = activity node)
Darstellungsform eines Vorgangs in der
Netzplantechnik. Der Vorgangsknoten im
Netzplan enthält Informationen zur Dauer,
zu den frühesten bzw. spätesten Anfangs-
und Endterminen und den → Puffern eines
Vorgangs im Projektablauf.

Vorgangsliste

(engl. = activity list)
Auflistung aller Vorgänge mit Angaben zu
deren Dauer und jeweiligen Vorgängern in
einem Projekt.

Vorstudie

(engl. = prefeasibility study)
umfangreiche Vorplanung zu einem Projekt,
die der Entscheidungsfindung hinsichtlich
der Projektdurchführung dienen soll.

Ziele

(engl. = targets)
→ Projektziele

F   Bildquellenverzeichnis

Umschlag: Fotolia.com: links (adempercem), rechts (Lucky Dragon)

Innenteil: Fotolia.com: S. 23 (Minerva Studio), S. 48 (pressmaster), S. 75 (Digitalpress), S. 89 (Edyta Pawlowska)

Alle nachfolgenden Formulare stehen im BuchPlusWeb-Angebot zum Download bereit.

Web

Projektauftrag (Muster)	
Projektname	
Projektleiter/-in	
Projektanlass Grund der Projektdurchführung, Ergebnisse der Problemanalyse	
Projektziele Was genau soll im Rahmen des Projekts erreicht werden? Details: siehe Anforderungskatalog (Lastenheft)	
Zu erarbeitende Ergebnisse Details: siehe Lösungskonzept (Pflichtenheft)	
Projektbudget (EUR)	
Randbedingungen Welche Rahmenbedingungen schränken die Projektarbeit ein?	
Termine und Meilensteine	
Unterschriften	Auftraggeber Auftragnehmer

Projektauftrag (Muster)	
Projektname	„Homepage XY"
Projektleiter/-in	Doris Liedtke
Projektanlass Grund der Projektdurchführung, Ergebnisse der Problemanalyse	– Die Verwaltungsdamen verbringen unnötig viel Zeit mit der Beantwortung regelmäßig wiederkehrender Fragen. – Die Einführung und Abschaffung von Bildungsgängen ist auf der gegenwärtigen Internetseite nicht erfasst. – Design und Servicethemen der bisherigen Seite sind nicht zielgruppengemäß.
Projektziele Was genau soll im Rahmen des Projekts erreicht werden? Details: siehe Anforderungskatalog (Lastenheft)	– Die Website der Musterschule ist übersichtlich strukturiert und an das neue Corporate Design der Schule angepasst. – Interessierte Eltern und Abgänger von anderen Schulen können sich im Internet über die Stärken und Bildungsgänge unserer Schule informieren. – Die Seite ist für die Damen der Verwaltung mühelos (ohne Software oder HTML-Kenntnisse) zu pflegen.
Zu erarbeitende Ergebnisse Details: siehe Lösungskonzept (Pflichtenheft)	– Entwicklung und Publikation einer neuen Website für die Musterschule unter Berücksichtigung des neuen Corporate Designs (Struktur und Design: siehe Entwürfe im Pflichtenheft) – Einweisung der Verwaltungsdamen in die Pflege der Site – Präsentation der neuen Site auf der Lehrerkonferenz – am …
Projektbudget (EUR)	200 EUR
Randbedingungen Welche Rahmenbedingungen schränken die Projektarbeit ein?	– Die PC-Räume 85 und 87 können zur Bearbeitung täglich von 15:00 Uhr bis 19:00 Uhr genutzt werden. – Alle rechtlichen Vorgaben einer Internetpräsenz sind zu berücksichtigen.
Termine und Meilensteine	10. November 20..: Abstimmung Entwurf Design und Struktur mit Schulleitung 4. März 20..: Vorstellung der Zwischenergebnisse gemäß Meilensteindefinition 31. Mai 20..: Publikation der neuen Site unter der Domain www.XY.de 05. Juni 20..: Präsentation der Site auf der Lehrerkonferenz 15. Juni 20..: Schulung der Verwaltungsdamen
Unterschriften	Dr. Schulleiter Doris Liedtke Auftraggeber Auftragnehmer

Arbeitspaketbeschreibung

Projektname:	AP-NR.:	AP-Bezeichnung:

Beginn des AP:	Ende des AP:	AP-Verantwortliche/-r:

Ergebnisse (oder: Was genau soll dabei herauskommen?)

Tätigkeiten (oder: Was genau muss in diesem Arbeitspaket gemacht werden?)

Voraussetzungen (oder: Welche Arbeitspaketergebnisse und Ressourcen benötigen wir?)

Unterschrift Projektleiter/-in	Unterschrift Arbeitspaket-Verantwortliche/-r

Arbeitspaketbeschreibung (Muster)		
Projektname: Homepage „XY"	**AP-NR.:**	**AP-Bezeichnung:** AP 5: „Texte Bildungsgänge"
Beginn des AP: 21. November 20..	**Ende des AP:** 1. Dezember 20..	**AP-Verantwortliche/-r:** Caroline

Ergebnisse (oder: Was genau soll dabei herauskommen?)

– Standardisierte Übersicht über die einzelnen Bildungsgänge, einschließlich schulischer Voraussetzungen, Inhalte der Fächer, möglicher Abschlüsse
– Alle Seiten sind in Tabellenform dargestellt und liegen als HTML-Dateien vor.
– Alle Ergebnisse sind im Teamverzeichnis (page) abgelegt.

Tätigkeiten (oder: Was genau muss in diesem Arbeitspaket gemacht werden?)

– Besorgen aller Info-Prospekte der Schule
– Grobentwurf der geplanten Seiten erstellen
– Termine mit Bildungsgangleitern vereinbaren
– standardisierte Interviewbögen entwerfen
– Interviews durchführen
– Ergebnisse abgleichen und ergänzen
– Ergebnisse in HTML-Tabellen eingeben

Voraussetzungen (oder: Welche Arbeitspaketergebnisse und Ressourcen benötigen wir?)

– Ergebnisse des Arbeitspakets „Design-Standards"
– Besprechungsraum mit Internetanschluss
– Michaela, Bernd, Herr Lange

Unterschrift Projektleiter/-in	**Unterschrift Arbeitspaket-Verantwortliche/-r**
Doris Liedtke	Caroline

Sitzungsprotokoll					
Projektname:			**Protokollant/-in:**		
Datum:	**Ort:**		von	bis	Uhr
Teilnehmer/-innen					
Ziel(e) der Arbeitssitzung:					

Ergebnisse/Begründungen zu den einzelnen TOPs		
TOP NR.	**Ergebnis**	**Bemerkung**
1		
2		

Maßnahmen, die sich aus der Arbeitssitzung ergeben:		
Was?	**Wer?**	**Bis wann?**

Termin der nächsten Besprechung:

Unterschrift Protokollant/-in	Unterschrift Projektleiter/-in

Sitzungsprotokoll (Muster)		
Projektname: „Homepage xy"		**Protokollant/-in:** Michael
Datum: 10. Jan. 20..	**Ort:** Muster-BBS XY	**von** 09:50 **bis** 10:20 **Uhr**

Teilnehmer/-innen
Michael, Jana, Stephanie, Marc

Ziel(e) der Arbeitssitzung:
Festlegen der Standards für Zeichen über alle Webseiten
Verfahren zur Buttonerstellung vorschlagen

Ergebnisse/Begründungen zu den einzelnen TOPs		
TOP NR.	**Ergebnis**	**Bemerkung**
1	Alle Texte werden grundsätzlich in Verdana, Größe 10 erstellt. Gliederungsebenen der Überschriften: 1. Ebene: Verdana 16 fett, schwarz 2. Ebene: Verdana 14 fett, schwarz 3. Ebene: Verdana 12 fett, schwarz Wir halten diese Festlegung in der Datei „Textstandards" fest. Diese soll in einem Verzeichnis „Standards" abgelegt werden.	Wir müssen prüfen, ob schon Seiten mit abweichenden Zeichen erstellt wurden.
2	Zur Erstellung der Buttons hat Marc verschiedene Websites gefunden, welche sich für uns eignen, da wir keine Kenntnisse in Grafiksoftware besitzen. Marc will ein paar Beispiele fertig machen und im Verzeichnis „Buttons" ablegen. Die Beispielbuttons sollen zum Design der Site passen.	

Maßnahmen, die sich aus der Arbeitssitzung ergeben:		
Was?	**Wer?**	**Bis wann?**
Erstellen des Verzeichnisses „Standards" und der Datei „Textstandards" mit allen Angaben (siehe oben) in diesem Verzeichnis	Jana	12. Jan.
Überprüfen, ob andere Seiten bereits mit abweichenden Zeichen erstellt wurden. Falls ja, müssen diese angepasst werden.	Stephanie	20. Jan.
Erstellen von Beispielbuttons und Ablegen dieser Buttons im Verzeichnis „Buttons".	Marc	20. Jan.

Termin der nächsten Besprechung: 21. Januar

Unterschrift Protokollant/-in	**Unterschrift Projektleiter/-in**
Michael	Doris

Wochenbericht

Projektname:	Woche:
Protokollant/-in:	Protokollabgabetermin:

Was wurde diese Woche konkret erreicht?

Welche wichtigen Entscheidungen wurden getroffen?

Erläuterung der Gefährdung folgender Arbeitspakete:

AP:	
AP:	
AP:	

Erforderliche Zusatzmaßnahmen zur Sicherstellung der Arbeitspakete:

Wer?	Welche Zusatzmaßnahme?	Bis wann?

Wochenbericht (Muster)

Projektname: „Homepage XY"	Woche: 47. KW
Protokollant/-in: Natascha	Protokollabgabetermin: 30. November 20..

Was wurde diese Woche konkret erreicht?

– Alle Fotos sind fertig und liegen im Verzeichnis Fotos vor.
– Alle Fotos wurden auf das vereinbarte Format gebracht.
– Ein Fototermin mit dem Bildungsgangsleiter wurde vereinbart: Fr. 11.12 um 13 Uhr.
– Die Interviews mit den Koordinatoren sind abgeschlossen und vollständig dokumentiert.
– Alle Befragungsergebnisse liegen in Tabellenform vor.

Welche wichtigen Entscheidungen wurden getroffen?

– Alle Fotos werden in ein standardisiertes Format (600 * 800 Pixel, jpeg) gebracht.
– Überschriften: Arial 12 fett, Zwischenüberschriften: Arial 12 kursiv, Links: blau.
– Alle Bildungsgänge bekommen jeweils ein Foto des Bildungsgangsleiters.
– Die Auswertung der Befragung wird mit der Excel-Funktion „Zähle-Wenn" vorgenommen.
– Das Auswahlverfahren wird in Textform erläutert und begründet (ca. 1 Seite).

Erläuterung der Gefährdung folgender Arbeitspakete:

AP: Interviews Koordinatoren	Herr Krause und Herr Mahlmann lassen mit ihren Antworten (als E-Mail erwartet) auf sich warten und sind nicht zu Hause.
AP: Video-Clip	Die Kamera ist nicht verfügbar (verliehen).
AP:	

Erforderliche Zusatzmaßnahmen zur Sicherstellung der Arbeitspakete:

Wer?	Welche Zusatzmaßnahme?	Bis wann?
Atze	Krause und Mahlman werden privat angerufen und telefonisch interviewt.	Fr. 11.11
Maike, Jan	Organisation einer Ersatzkamera über Pete	Do. 17.11.